AIR
ALUMINUM

1. Auflage April 1998

Herausgeber: Pecher & Böckmann GmbH,
Antonienallee 25, 45279 Essen, 0201/54433
Redaktion: Volker Pecher, Uli Böckmann
Textredaktion: Dagmar Diedenhofen, Carola Böckmann
Gestaltung: Volker Pecher
Routengrafik: Christoph Jäkel
Anzeigen: Alexandra Niedersteberg
Scouts-Berlin: Jaqueline Grund, Reinhard Schliepe, Andreas Karbe, Ralf Krieger
Scouts Hamburg: Ralf Krieger, Jan Rybiczka
Scouts Köln: Steffi Kramer, York Schäfer
Scouts Ruhrgeb.: Axel Hünninghaus, Werner Ritter (West)
Steffi Kramer, York Schäfer (Ost)
Scouts Frankfurt: Steffi Kramer, York Schäfer, Patrick Schimanski
Scouts Stuttgart: Axel Meyer
Scouts München: Steffi Kramer, York Schäfer, Günther Kort
Fotos: ROCES, Montebelluna
Melanie Schwarzer & Jan Wäller, Dortmund
Druck: Druckzentrum Sutter & Partner, Essen

ISBN-Nummern: 3-88474-615-4 Berlin /// 3-88474-616-2 Hamburg
3-88474-618-9 Köln /// 3-88474-619-7 Ruhrgeb.-Ost
3-88474-620-0 Ruhrgeb.-West /// 3-88474-617-0 Frankfurt
3-88474-621-9 Stuttgart /// 3-88474-622-7 München

3-88474-582-4 Schlesw.-Holst. /// 3-88474-571-9 Nordrh.-Westf.
3-88474-573-5 Hessen /// 3-88474-574-3 Bad.-Württmbg.
3-88474-572-7 Bayern

INHALT

HALLO SCHWARZFAHRER!

Der Rollschuh als Urvater des Inline-Skates war in seiner Blütezeit nicht nur ein vielversprechender Weg zur ersten Bänderdehnung schon weit vor der Pubertät, sondern flog spätestens nach dem vierzehnten Geburtstag in die Ecke. Auf Inlinern hingegen kann man in diesem Alter vielleicht schon seinen ersten Profi-Vertrag unterschreiben.

Das robuste Kinder-Spielzeug früherer Tage hat sich zu einem Sportgerät mit hoher Performance entwickelt. Und ist doch bis heute ein Spielzeug geblieben - zumindest vor dem Gesetz. Vielleicht deshalb, weil sehr hohe Geschwindigkeiten recht spielerisch erreicht werden, vielleicht aber auch, weil Fitness-SkaterInnen im Durchschnitt zwischen 20 und 40 Jahre alt sind - Gründe genug jedenfalls, High-Tech-Skates verkehrsrechtlich auf die gleiche Stufe mit Bobby-Cars zu stellen und ihnen beispielsweise die Nutzung von Radwegen zu untersagen.

Man geht davon aus, daß 1998 bereits rund zehn Millionen verspielte Deutsche auf Inline-Skates unterwegs sind. Fragt sich nur wo? Auf landschaftlich schön gelegenen Parkplätzen, in langen Kellerfluren oder auf stillgelegten Kegelbahnen? Welche Möglichkeiten bietet die Kanalisation? Eine Idee muß her, wie die verkehrsrechtliche Zukunft von Millionen SkaterInnen aussehen soll, denn die gegenwärtige Situation ist unangemessen.

Rein rechtlich sind Inline-Skater als eine Art Fußgänger eingeordnet und dürfen nur auf ausgewiesenen Fußwegen, also Bürgersteigen und Fußgängerzonen fahren. Juristisch sind damit alle Geschwindigkeiten jenseits von 7 km/h (Fußgänger-Höchsttempo!) bereits zu schnell! Ein eigenes Wegenetz ist weder finanzierbar noch gewünscht, niemand wird ernsthaft die Landschaft mit noch mehr Asphalt zuplätten wollen. Straßen und Bürgersteige können jedoch bestenfalls eine Notlösung darstellen, weshalb die Logik nur den Radweg übrigläßt.

Wir haben deshalb in diesem Guide bei einigen wenigen Routen auch Teilstücke auf Radwegen eingebaut. Wer diese Routen skatet, wird zum Schwarzfahrer, nur damit das klar ist. Wir wünschen Euch dennoch mindestens hunderte sturzfreie Kilometer und möglichst viele nette Begegnungen unterwegs.

Und niemals vergessen: Early and late is the best time to skate!

DIE QUAL DER WAHL

WIE FINDE ICH „MEINEN" INLINE SKATE?

1. Probiere möglichst viele Skates an. Kommen mehrere Modelle in die engere Wahl, vertraue Deinem Gefühl. Lasse die Skates möglichst lange an den Füssen. Entscheide Dich für diejenigen, in denen Du Dich am wohlsten fühlst. Achte nicht nur auf die Farbe oder modische Aspekte.

2. Mache Dich erst nachmittags auf die Suche nach „Deinem" Paar Skates, denn dann haben sich Deine Füße voll ausgedehnt. Skates, die Du am Vormittag kaufst, können schon am Abend zu eng sein.

3. Probiere die Skates nicht mit zu dicken Strümpfen, denn es kann passieren, daß Dein Fuß dann nicht genügend Halt findet. Für den späteren Einsatz sind Inline-Socken zu empfehlen, die an den entscheidenden Stellen gepolstert sind.

4. Die Ferse darf im Skate nicht hochkommen. Der Innenschuh sollte etwa 1 cm Spiel an den Zehen bieten. Bei Softboots mit dem Fuß nach vorn rutschen, wenn zwischen Ferse und Schaft dann noch ein Finger Platz hat, sitzt er optimal.

5. Prüfe Kunststoffschienen auf ihre Steifheit: Nimm den Skate mit den Rollen nach oben in die Hand, umgreife die erste und letzte Rolle und versuche dann, die beiden inneren Rollen mit den Daumen nach unten zu drücken. Läßt die Schiene sich leicht eindrücken, hast Du den falschen Skate in der Hand. Aluschienen sind leicht und äußerst stabil, aber auch sehr kostspielig.

6. Beurteile den Leichtlauf der Rollen nicht danach, wie sie sich mit der Hand drehen lassen. Markenskates sind mit wartungsarmem Fett geschmiert, das seine richtige Schmierfähigkeit erst nach einigen Kilometern Fahrt erreicht. Schlecht drehende Rollen sind keineswegs ein Zeichen für schlechte Qualität.

7. Wichtig ist die Fußgelenkstabilität. Wenn sich die Schale im Knöchelbereich eindrücken läßt, stell sie zurück ins Regal. Labilität im Knöchelbereich - die manchmal als „sehr bequem" verkauft wird - kann übelste Verletzungen an den Bändern nach sich ziehen.

8. Entscheide Dich nicht zu schnell für oder gegen Schnallen oder Schnürung. Ein allgemeingültiges Optimum gibt es nicht, wenn dies auch immer wieder behauptet wird - schließlich ist jeder Fuß anders. Bei Schnallenbindung solltest Du darauf achten, daß mindestens drei Schnallen geboten werden.

THE RIGHT STUFF

DIE RICHTIGE AUSRÜSTUNG ZUM FITNESS-SKATEN

HELME

CRATONI Inline-Helme

Nur mit Helm ist die Schutzausrüstung komplett. Wer das anzweifelt, sollte sich eine pralle Wassermelone vorstellen, die aus ungefähr zwei Metern Höhe auf den Asphalt geklatscht ist... Viel Spaß beim Grübeln.

SCHONER

ROCES Inline-Schoner

Nicht einmal ein Fünftel aller Skater/Innen tragen das komplette Schonerset an Knien, Ellbogen und Handgelenken. 75% davon wiederum bezahlen diese Coolness mit üblen Verletzungen. Sollte das etwa Dummheit sein?

ALLES DREHT SICH

WIE KOMME ICH AUF DIE RICHTIGE ROLLE?

Geradezu unüberschaubar, was an Rollen in allen Farben und Größen zu haben ist. Vor allem anderen muß jeder sich eine Frage beantworten: Wofür brauche ich die Rolle? Hat man hierzu einmal die Antwort, ist der Rest ganz einfach. Der Querschnitt einer Rolle legt fest, für welchen Einsatzzweck sie geeignet ist. Auch die Größen und Härten variieren in den einzelnen Disziplinen sehr stark.
Die Rollen sind meist aus Polyurethan (PU), denn bei Abrollverhalten, Haftung und Dämpfungseigenschaften ist dieses Kunststoffmaterial unerreicht.
Alle Fitness- und Speed-Rollen haben eine Felge, die das Gewicht reduziert, für die wichtige Kühlung sorgt und die Lager trägt. Sehr weiche Rollen sind sehr komfortabel, haben aber einen vergleichsweise hohen Abrieb. Harte Rollen sind schnell und halten länger, bieten aber nicht unbedingt die beste Laufruhe. Markenskates sind in der Regel mit guten Rollen ausgerüstet. Wer damit gute Erfahrungen gemacht hat, sollte auch beim ersten Rollenwechsel dabei bleiben.
Bei einer Rolle wird immer der Außendurchmesser in Millimetern angegeben (40 bis 88 mm) sowie die Härte in Durometern („A"), in der Regel von 74 A (sehr weich) bis 100 A (sehr hart). Diese Angaben finden sich auf der Rolle selbst.
Um die Lebensdauer zu erhöhen, sollten sie in Abständen untereinander ausgetauscht werden (Innenseiten nach außen und umgekehrt, erste und letzte Rolle gegen die beiden inneren tauschen).

ROLLENRADIEN	
	**SPEED** ø 76-82 mm Härte: 75-93 A
	**FITNESS UND RECREATION** ø 76-80 mm Härte: 78-90 A

THE RIGHT STUFF

DIE RICHTIGE AUSRÜSTUNG
ZUM FITNESS-SKATEN

FITNESS-SKATES

ROCES Culture 7/03

Das Top-Modell der neuen ROCES Culture 7-Modellreihe. Alle Culture 7 sind Softboots und werden an den entscheidenden Stellen von einer harten Außenschale umgeben. Dies garantiert perfekten Sitz und höchste Stabilität. Der 7/03 ist mit einer Lite-Tech-Aluschiene und ABEC 5-Lagern ausgestattet.

ROCES Culture 7/01

Der Culture 7/01 ist bis auf die Schiene (Aero-Tech; Nylon/Fiberglas) und die Lager (ABEC 3) mit dem Culture 7/03 weitestgehend identisch.

ROCES London

Soft-Fit heißt das Zauberwort beim neuen ROCES London. Die neue Spritztechnik ermöglicht das Verwenden von Kunststoffschalen aus unterschiedlichen Materialien: außen hart, innen weich. Der Innenschuh ist sehr gut gepolstert und überdurchschnittlich gut belüftet.

Werbeagentur Hessenauer
Inline-Fun und Kind ist kein Widerspruch mehr: gemeinsam mit dem Nachwuchs im KIDmobil von Family Sports auf den Inline-Skates unterwegs. Im Team macht's gleich nochmal so viel Spaß. Mit unseren multifunktionalen Produkten für Sport und Alltag können Sie Ihre Familie so richtig auf Touren bringen. Rufen Sie doch einfach mal an:
KIDmobil
...move your family
FIT mit KID
Family Sports
Auf der Steinge 3-5 · 72827 Wannweil
Telefon 071 21 - 57 72 90 · Fax - 57 74 27

NIE OHNE GUMMI

BREMSEN MÜSSTE MAN KÖNNEN

Mangelhafte Bremstechnik ist die Hauptursache für die meisten Stürze. Anfänger verlieren dabei schneller das Gleichgewicht, als sie es in ihren schlimmsten Träumen vorausgeahnt haben, auch Fortgeschrittene sehen dabei manchmal alles andere als gut aus.
Die serienmäßigen Bremsvorrichtungen an Inline-Skates muten im Vergleich zu den sonstigen technischen Details eher archaisch an. Ein dicker Gummiklotz, groß wie eine Babyfaust, ist hinten an den Skate geschraubt und bietet so die Möglichkeit, ihn durch die angehobene Fußspitze zur Schleifbremse zu nutzen. Also im richtigen Moment das Füßchen hoch und schleifen lassen - wenn´s doch nur so einfach wäre! Doch die Bremsleistung, die mit dem moppeligen Gummi erreicht werden kann, ist nicht gerade berauschend und dient vor allem den Einsteigern als Sicherheit. Der Gummipömpel ist die gebräuchlichste Variante, vereinzelt tauchen andere Bremssysteme auf, die mehr oder weniger gut ihren Dienst verrichten. Wenn der unförmige schwarze Klops an der Hacke auch eher an Seifenkistentechnik erinnert, so funktioniert er – die richtige Einstellung vorausgesetzt – jedoch immer und überall, was man von anderen Bremstechniken nicht ohne weiteres uneingeschränkt behaupten kann.

Bremsungen, die mittels der Fahrtechnik funktionieren, also T-Brake oder Powerslide, verlangen ein hohes Maß an fahrerischem Können, versprechen dafür aber bei richtiger Anwendung höchste Effektivität. Manchmal jedoch reicht ein kleiner Fehler, um aus der eleganten Technik-Bremse einen weniger eleganten Abgang zu machen. Der gute alte „Heel-Stop", so die korrekte Bezeichnung der Hackenbremse mit dem Gummi, funktioniert zwar nur mäßig, dafür aber garantiert immer. Ob das Bremsgummi am rechten oder linken Skate angebracht sein sollte, kann jeder ganz leicht für sich selbst herausfinden. Der einfache Test: Stell Dich gerade hin, beide Füße nebeneinander. Dann laß Dir - von wem auch immer - einen leichten Stoß geben, so daß Du nach hinten kippst. Automatisch wirst Du versuchen, mit einem kleinen Ausfallschritt den Sturz zu verhindern. Der Fuß, mit dem Du Dich intuitiv abfängst, ist für alle Zukunft Dein optimaler Bremsfuß.
Eine interessante Variante für den Notfall ist der kontrollierte Sturz (siehe Kapitel „Wie bremse ich richtig?"), der allerdings nur mit der kompletten Schutzausrüstung funktioniert. Wer wieder mal auf die Schoner verzichtet hat, wird sich mit dieser Sturztechnik allerdings problemlos beide Kniescheiben freilegen - mindestens...

THE RIGHT STUFF

DIE RICHTIGE AUSRÜSTUNG ZUM FITNESS-SKATEN

INLINE-SOCKEN

Rohner Inline-Socken

Wer sich regelmäßig in Inlinern auf die Socken macht, sollte seinen Füßen gutes tun: Inline-Socken sind an den entscheidenden Stellen gepolstert und sorgen dauerhaft für ein gutes Skate-Gefühl.

TRINKSYSTEM

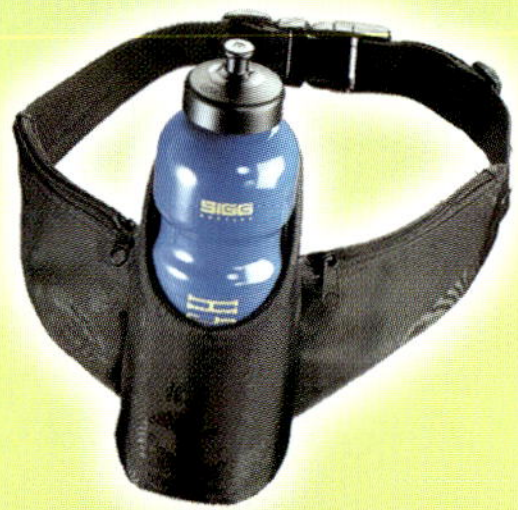

SIGG Inline-Trinksystem

Wenn der Durst kommt, ist es meistens schon zu spät. Dies gilt für alle, die leistungsorientiert unterwegs sind. Für Ausdauersportler ist es wichtig, für ständige Flüssigkeitszufuhr zu sorgen. Damit man nicht für jeden Schluck anhalten muß, gibt es das praktische System von SIGG.

Hart im Nehmen. Weich im Geben.
Hart im Nehmen
Weich im Geben
Die neuen ROCES
Fitness-Skates
Culture
»ROCES Culture 7/03 + 7/01«
7/03 7/01
London
»ROCES London«
ROCES
INLINE SKATES
sico®
Reichenaustraße 244 · 78467 Konstanz · Tel: 0 75 31 / 98 44 - 80 · Fax: 0 75 31 / 98 44 - 40 · Internet: www.sico.de · www.roces.it
spirit and soul of skating

1898
Marathon-Hut „Hermes“
Fitness-Hut „Lausitz“
Gleitmantel
„Niederelbe“
(schwitzdichte
Zeppelinseide)
Windjoppe „Kriterium“
kombiniert mit
Rennhemd „Rapid“
Windhose „Velocita“
(mit Schnellauf-Zwickel)
Wadenwickel
„Kürassier“
Mono-Spurtstange
Laufstrumpf
„Austerlitz“
Gleithose
„Albatros“
Erd-Schlittschuh
„Rollito“

Bekanntmachung!*

1. Trage beim Skaten immer die vollständige Schutzausrüstung (Helm, Handgelenk-, Ellbogen- und Knieschoner, dazu natürlich auch Sonnenbrille und Inline-Klingel).

2. Wenn Du nicht mindestens eine Bremstechnik wirklich gut beherrschst, ist es besser, Du hältst Dich von belebten Wegen zunächst einmal fern.

3. Verliere niemals die Aufmerksamkeit und sei anderen gegenüber immer höflich und zuvorkommend. Gebe ein gutes Beispiel.

4. Skate immer weit vorausschauend und riskiere niemals, die Kontrolle zu verlieren, weil Du Dich überschätzt hast.

5. Wo auch immer Du unterwegs bist: Fahre stets auf der rechten Seite.

6. Überhole immer auf der linken Seite und mache früh genug durch klingeln oder lautes rufen auf Dich aufmerksam.

7. Habe immer den Untergrund im Blick und meide oder umfahre verschmutzte oder nasse Stellen.

8. Gehe Straßen mit starkem Autoverkehr aus dem Weg. Wenn es sich nicht vermeiden läßt, sei doppelt aufmerksam.

9. Lasse im Zweifelsfall immer Fußgängern und Fahrradfahrern den Vortritt – wenn's auch manchmal ziemlich schwerfällt.

10. Die wichtigste Regel von allen: Verliere niemals die Lust, anderen ein Vorbild zu sein.

* **Die zehn wichtigsten Inline-Skate-Regeln der IISA (International Inline-Skating Association)**

SKATE-KOSMETIK

WIE PFLEGE ICH MEINE BESTEN STÜCKE?

Man muß kein technisches Genie sein, um die wesentlichen Pflegearbeiten selber zu erledigen. Hier nur die wichtigsten:

1. Rollentausch
Der regelmäßige Rollentausch verlängert die Lebensdauer. Da sich die Rollen einseitig abfahren, sollte die erste gegen die dritte und die zweite gegen die vierte Rolle getauscht werden, wobei sie jeweils um 180 Grad gedreht werden.

2. Lager fetten
Der Aufwand hängt von der Lagerart ab. Bei geschlossenen, wartungsfähigen Lagern muß einer der beiden Deckel, die mit einem Sprengring versehen sind, mit einem kleinen, spitzen Schraubenzieher oder einem Messer geöffnet werden. Dann Lager und Kugeln putzen und entfetten (Zitrusreiniger / Waschbenzin), klar abspülen und trocknen. Schließlich mit einem Tropfen Öl oder Lagerfett neu schmieren, wieder zusammensetzen und einbauen. Öl wirkt schneller, muß aber schneller nachgeschmiert werden, Fett ist zäher und braucht ein wenig Zeit zur optimalen Wirkung, ist dafür aber wesentlich wartungsärmer. Zwischendurch sollten die Lager auch immer wieder mit einem weichen, trockenen Tuch von außen abgerieben werden.

3. Bremsklötze auswechseln
Bei jedem Pflegelntervall immer auch ein Auge auf die Bremsklötze werfen. Sind sie stark abgenutzt, muß man sie neu einstellen oder gegen neue austauschen. Dies geht in der Regel mit Hilfe des mitgelieferten Inbusschlüssels sehr leicht.

4. Geschraubte Schienen checken
Schienen, die an den Schuh angeschraubt sind, sollten in regelmäßigen Abständen (alle 50-60 km) an ihren Verschraubungen überprüft werden. Die dort wirkenden Kräfte sind enorm, so daß sich die Schrauben lockern können. Die ständige Kontrolle verhindert böse Überraschungen.

5. Allgemeine Pflege
Die Skates nach jedem Einsatz gründlich mit einem feuchten Tuch abwischen. Das läßt sie dauerhaft gut aussehen und sorgt dafür, daß auch die kleinen Macken nicht verborgen bleiben. Außerdem beschäftigt man sich mit dem Skate und wird auf anstehende Wartungsarbeiten aufmerksam. Auch wenn viele Skates gut belüftet sind, schwitzen die Füße in den Kunststoffschalen doch sehr. Deshalb die Innenschuhe zum Lüften aus der Schale ziehen und, falls möglich, waschen. Softboots ohne herausnehmbare Innenschuhe an gut belüftete Plätze zum Ausdünsten stellen.

THE RIGHT STUFF

DIE RICHTIGE AUSRÜSTUNG ZUM FITNESS-SKATEN

SONNENBRILLE

CARRERA Aerotic

Endlich mal ein Teil der Schutzausrüstung, das auch noch für ein cooles Outfit sorgt.
Die Aerotic von CARRERA bietet neben tollem Design noch praktische Wechselscheiben und hohe Funktionalität.

WRISTGUARD MIT KLINGEL

ROECKL Skate-Guard

Wer oft auf belebten Strecken skatet, sollte nicht ohne „Signalgerät“ unterwegs sein. Empfehlenswert der Skate-Guard, denn der vertraute Klang der Fahrradklingel sorgt für ein ebenso vertrautes Verhaltensmuster: rechts ran, da kommt einer!

AUF DISTANZ GEHALTEN

WAS KANN EIN SPACER UND WARUM?

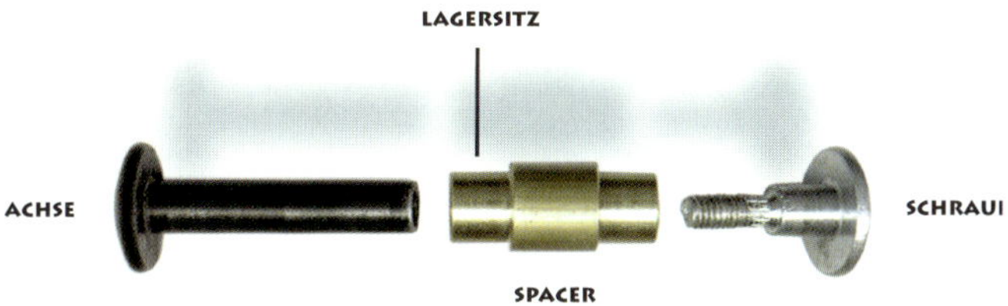

Tief verborgen in der Schiene, für das Auge nicht sichtbar, sitzen sehr wichtige Teile für den ungetrübten Fahrspaß. Zwar sind nicht sie allein dafür verantwortlich, doch der tollste Skate mit den geilsten Rollen und den teuersten Lagern ist nur die Hälfte wert, wenn die Spacer nichts taugen und nach ein paar Dutzend Kilometern ihren Geist aufgeben.
Jede Rolle wird von einem Spacer getragen. Er erfüllt allein die Funktion, die beiden Kugellager in der Rolle im richtigen Abstand zueinander zu halten und ihnen außerdem einen perfekten Sitz zu geben. Das richtige Zusammenspiel von Lagern, Spacern und den Achsen (meist Stahlschrauben) entscheidet darüber, wie effektiv die Kraftübertragung vonstatten geht. Spacer aus Kunststoff verformen und verklemmen sich leicht, weil das Material den hohen Drücken, die von der Seite auf die Lager einwirken, auf Dauer nicht gewachsen ist (z.B. Abstoßphase, schnelle Kurvenfahrten). Auch halten Kunststoff-Spacer den bisweilen recht hohen Temperaturen auf Dauer nicht stand.
Deshalb besser Spacer aus Alu oder Messing verwenden. Sie sind erheblich belastbarer und kompensieren die hohen Temperaturen sehr gut. Spacer sind in jedem Skate-Shop erhältlich und beim nächsten Rollenwechsel leicht auszutauschen.

THE RIGHT STUFF

DIE RICHTIGE AUSRÜSTUNG
ZUM FITNESS-SKATEN

FITNESS-ROLLEN

AEROWHEELS Spider

Fitness-Spezialist AEROWHEELS bietet Rollen für jeden Einsatzzweck. Selbst profilierte Regenrollen und Rollen mit Spikes gehören zum Lieferprogramm.

SPEED-ROLLEN

KOPP

KOPP-Rollen gehören in der Speed-Skater-Szene zum guten Ton. Erhältlich in verschiedenen Härtegraden.

INLINE-KINDERWAGEN

FAMILY SPORTS

Mit dem KIDmobil kann man den Stoppel ganz bequem mit auf die Inline-Tour nehmen und hat außerdem noch Platz für's Picknick und für andere wichtige Dinge.

Jetzt aber raus!
PRINZ sagt, wohin die Reise geht
Foto: K2 Inlineskates

TRAGENDE ROLLE

WELCHE SCHIENE IST DIE RICHTIGE?

Je stabiler die Schiene, desto höher die Laufruhe. Auf diese einfache Formel läßt sich die ganze Kaufberatung reduzieren. Das Angebot an Material und Verarbeitung ist mittlerweile sehr groß. Angefangen von den Skates der untersten Preiskategorie, bei denen nicht selten Schuh und Schiene aus einer Form gegossen, also ein Teil sind, bis hin zu superleichten und dennoch supersteifen Carbon- oder Magnesium-Schienen ist auf dem Markt so ziemlich alles zu haben.
Generell ist zu empfehlen, auswechselbare Schienen zu bevorzugen. Bei den überwiegend eingesetzten Kunststoffschienen lohnt ein Blick ins Innere. Dort sollten sich möglichst viele Verstrebungen finden, denn neben der Beschaffenheit des Materials gewährleistet vor allem das aufwendige Innenleben die so wichtige Verwindungssteifheit.
An Kunststoffschienen, die sich mit der Hand verbiegen oder am Rand tief eindrücken lassen, wird man nicht allzuviel Freude haben, denn die Fahrt mit solchen Weichlingen wird schnell zum Eiertanz. Skatern mit einem Körpergewicht weit jenseits der 80 Kilogramm sind in jedem Fall Aluschienen zu empfehlen, die noch immer das bessere Verhältnis von Gewicht und Festigkeit bieten (einmal abgesehen von den High-Tech-Frames aus Carbon oder Fiberglas, die mittlerweile ebenfalls erhältlich sind und sich vor allem bei Speed-Skatern steigender Beliebtheit erfreuen). Solche Qualität hat natürlich auch ihren Preis, doch schnellen die Preise dabei nicht soweit nach oben, daß der finanzielle Mehraufwand nicht doch gerechtfertigt wäre. Letztlich geht es neben der Sicherheit ja auch um den Fahrspaß, der dauerhaft erhalten bleiben soll. Doch sind Aluschienen nicht generell das Maß aller Dinge. Auch hochwertige Kunststoff-Schienen können dauerhafte Stabilität gewährleisten, wenn der Skater sich im Bereich eines normalen Körpergewichtes bewegt. Deshalb vor allem beim Kauf immer genau hinsehen. Zuviel Skepsis muß allerdings nun auch nicht sein, denn insbesondere bei Markenskates in der oberen Preiskategorie kann man getrost davon ausgehen, daß die angebrachten Schienen den hohen Belastungen problemlos standhalten.
Viele Schienen erlauben das sogenannte „Rockering", die Möglichkeit der Höhenverstellung der Rollen in der Schiene. Es gibt drei Einstellungen: Flat Rockering (alle Rollen auf einer Höhe/Fitness und Speed), Negative Rockering (die beiden mittleren Rollen sind höher angebracht/Street) und Positive Rockering (die beiden äußeren Rollen sind höher angebracht/Hockey).

THE RIGHT STUFF
DIE RICHTIGE AUSRÜSTUNG
ZUM FITNESS-SKATEN

UHREN

G-SHOCK Wild Witch

Die „Wilde Hexe" für unterwegs. Wasserdicht, illuminiert, mit automatischem Kalender, 100stel-Stoppuhr, Countdown-Timer, und, und, und. Die Wild Witch ist nicht nur ausgesprochen Hip - wie eigentlich alle G-Shocks - sondern auch ziemlich selten. Gerade einmal 1.000 Modelle sind für eine Special-Collection aufgelegt worden. Nehmt Euch die Zeit!

THE RIGHT STUFF

DIE RICHTIGE AUSRÜSTUNG ZUM FITNESS-SKATEN

FITNESS-SKATES

***NIKE** AIR WARP*

***NIKE** AIR AVATAR*

NIKE Performance Training Skates

Von 25 Jahren Erfahrung in der Entwicklung hochwertiger Sportschuhe können nun auch Fitness-SkaterInnen profitieren.
Wie nicht anders zu erwarten, bieten die Amerikaner auch gleich etwas völlig Neues, denn die NIKE-Skates haben weder einen Soft- noch einen Hard-Boot - sie haben gar keinen Boot mehr! Ein tiefgeschnittener, präzise anliegender echter Sportschuh, dazu seitliche ForeFlex-Manschetten und die bewährte NIKE Air Dämpfung - schon entsteht ein völlig neues Skate-Gefühl. Die flexible Kunststoffmanschette sorgt für mehr Bewegungsfreiheit im Knie- und Knöchelbereich und garantiert dennoch die so wichtige Seitenführung.
Die vier Modelle sind in insgesamt sieben verschiedenen Versionen erhältlich, darunter auch zwei Modelle speziell für Frauen.

***NIKE** AIR TAILWIND M-001*

***NIKE** AIR TAILWIND M-004*

***NIKE** WOMEN'S AIR TAILWIND*

***NIKE** SWIFT M*

***NIKE** WOMEN'S SWIFT*

THE RIGHT STUFF
DIE RICHTIGE AUSRÜSTUNG
ZUM FITNESS-SKATEN

INLINE-RUCKSACK

DEUTER

Zum Transport der Skates gibt es mittlerweile zahlreiche Rucksacksysteme auf dem Markt. Empfehlenswert die durchdachten Modelle von DEUTER, die in zahlreichen Varianten und Outfits erhältlich sind.

MEHRZWECKSCHLÜSSEL

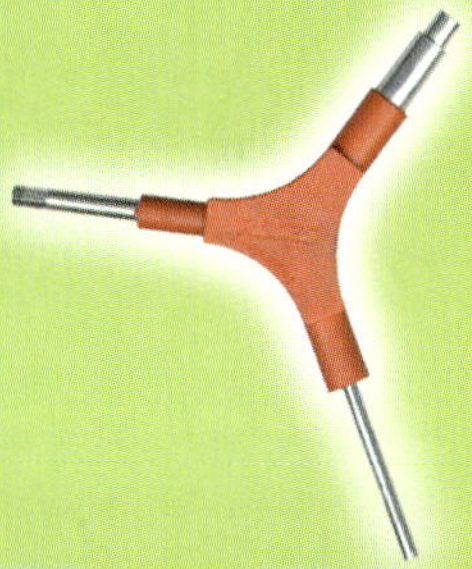

ROCES-Multi-Tool

Die drei omnikompatiblen Enden dieses freundlichen kleinen Helfers machen das Multi-Tool zum praktischen Begleiter für jede Tour. Kleinere Reparaturen können damit problemlos ausgeführt werden

Dein Zeitminister rät: Rettet die Originale dieser Welt!

GEHSCHIENE

WALKLINE Gehschiene

Immer wieder trifft man auf Passagen, die indiskatable sind. Der lästige Schuhwechsel entfällt, wenn Gehschienen griffbereit sind. Einfach auf den Boden legen, reinsteigen, und schon ist Schluß mit der Rollerei. Vorsichtig gehen, damit man auf den recht hohen Absätzen nicht umknickt.

HERZFREQUENZ-MESSGERÄT

POLAR

Wer den Fitness-Gedanken hochhält, seine Fortschritte genau beobachten und die nächsten Trainingseinheiten gut planen möchte, wird die Herzfrequenz-Meßgeräte von POLAR zu schätzen wissen.

THE RIGHT STUFF
DIE RICHTIGE AUSRÜSTUNG ZUM FITNESS-SKATEN

SPEED-SKATES

ROCES Stealth

Die Formel-1 läßt herzlich grüßen. Der Stealth ist einer der Spitzen-Skates im Speed-Bereich: Der Lederschuh mit eingearbeiteter Carbonfiberschale, Lite-Tech-Schiene, Alu-Spacern und Gel-Kissen im Knöchelbereich macht es allerdings unmöglich, die Niederlage auf den Skate zu schieben...

ROCES CDG Paris

Der CDG Paris ist der günstige Einstieg in den Speed-Bereich. Der Schuh ist für einen Hartboot niedrig geschnitten, hat eine Lite-Tech-Schiene, Messing-Spacer und ABEC 5-Lager. Die extrem gute Belüftung und die Kombination von Schnalle und Schnürung machen den CDG Paris zu einem sehr hochwertigen Einsteiger-Speedie.

DER RICHTIGE DREH

INLINE SKATE-LAGER

ZERLEGTES LAGER: ABEC 5 „ZZ"

SPRENGRING

ABDECKPLÄTTCHEN

OFFENES LAGER

Beim Inline-Skaten dreht sich im wahrsten Sinne des Wortes alles um die Lager. Jede Rolle hat gleich zwei davon, macht also 16 Kugellager für ein Paar Inline-Skates. Allein die Lager entscheiden, ob es läuft wie geschmiert oder ob der Spaß auf der Strecke bleibt. Die Kugellager haben ein Standardmaß von 22 mm Außen- und 8 mm Innendurchmesser bei einer Dicke von 7 mm. Sie werden in vier Qualitätsstufen angeboten: ABEC 1, 3, 5 und 7 (ABEC = Annular Bearing Engineers Commitee; amerikanische Qualitätsnorm für Kugellager). Die Werte beziffern die Verarbeitungsgenauigkeit der Bestandteile eines Lagers. Je höher der Wert, desto besser. Neben der ABEC-Einstufung finden sich bei der Lagerbezeichnung noch weitere Ziffern, z.B. „ZZ", „Z" und „RS". „ZZ" bedeutet, daß das Lager auf beiden Seiten mit Metallkappen vor grober Verschmutzung geschützt ist, „Z" zeigt den einseitigen Schutz an, wobei die ungeschützte Seite nach innen in die Rolle eingesetzt wird. „RS" signalisiert beidseitig mit Kunststoff-Dichtungen geschützte Lager, die auch Wasser und Staub fernhalten. Dabei gibt es noch Unterschiede bei den geschlossenen Lagern, denn manche sind wartungsfähig (mit Kunststoffkappe oder mit Sprengring versehen), andere wiederum sind nicht zu „knacken". Also beim Kauf danach fragen, ob die Lager wartungsfähig sind.

Das Material spielt bei Kugellagern eine große Rolle. Kugeln und Laufbahnen aus Qualitäts-Stahl sind das Beste, auch beim Lagerkäfig sollte man nicht auf Messing oder Nylon als billige Varianten ausweichen. Denn hat sich einmal ein wenig Schmutz eingeschlichen, sind diese Lager recht schnell verschlissen.

Auch die Lagerpflege ist wichtig und kann die Lebensdauer deutlich verlängern. In der Regel sollte man sie ab und an von außen trocken abwischen. Wurden die Lager dem Wasser ausgesetzt, zu Hause sofort ausbauen, trocknen, in Lösungsmittel einlegen und mit graphit- und teflonfreiem Lagerfett neu schmieren.

KINDER-SKATES

ROCES NRT Junior

ROCES entwickelte 1993 den ersten in der Größe verstellbaren Kinder-Skate. Der NRT Junior ist trotz seiner Größenverstellbarkeit sehr stabil und bietet mit der Uni-Tech-Schiene einen sicheren Halt. Er gewährleistet außerdem die nötige Sicherheit und ist dabei sehr komfortabel.
Den NRT Junior gibt es in vielen Farben und in zwei verstellbaren Varianten: mit den Schuhgrößen 30-35 und 36 bis 40.

SPEEDSKATING-WELTREKORDE			
STRASSE / HERREN		**STRASSE / DAMEN**	
300 m	24,418 sec	300 m	26,794 sec.
500 m	40,337 sec.	500 m	45,026 sec.
1.000 m	1:22,124 min.	1.000 m	1:28,014 min.
5.000 m	7:29,39 min.	5.000 m	8:17,000 min.
10.000 m	14:25,51 min.	10.000 m	16:50,789 min.
42,195 km	1.04:27,986 h	21 km	36:38,296 min.

DRIVE / DRB
Zur Ludwigshöhe 6
86919 Utting,
Tel.: 08806/9569942
Fax: 08806/95321

ALL YOU NEED IS SPEED

SPEED-SKATING - EINE SPORTART SUCHT AKTIVE

Millionen Fitness-SkaterInnen sind sich einig: „Das Erlebnis, auf acht Rollen fast schwerelos Dahinzugleiten, ist kaum zu toppen." „Es sei denn, man nimmt zehn", würde ein Speed-Skater wohl antworten, sich dann in seine beiden Fünfroller schwingen und sich mit ein paar kräftigen Abstößen auf seine Flugbahn begeben.

Was noch vor wenigen Jahren Rollschnelllauf hieß und ausnahmslos auf den sogenannten Quads (den guten alten Rollschuhen mit vier dicken Rollen an zwei Achsen) betrieben wurde, hat sich seit Einführung der Inline-Technologie grundlegend geändert. Holländer waren die ersten, die bei einem Rennen in Deutschland mit internationaler Besetzung auf ihren damals brandneuen Speed-Skates die gesamte Quad-Konkurrenz in Grund und Boden fuhren. Schon eine Saison später gab es eigentlich keine Rollschnelläufer mehr, nur noch Speed-Skater bestimmten das Wettkampfgeschehen. Denn jeder stieg auf die Fünfroller um, Quads verschwanden von der Bildfläche.

Seitdem hat sich im Speed-Skating vieles weiter entwickelt. Die Jagd nach besseren Zeiten ließ die Lauf- wie auch die Schuhtechnik fortschreiten. Präzisionskugellager, verwindungssteife Schienen aus Flugzeugaluminium oder Kohlefaser, ausgesuchte Rollen und maßgeschneiderte Schuhe treiben die Preise in die Höhe. Doch auch mit Speed-Skates „von der Stange" kann man mithalten, vorausgesetzt, Technik und Kondition stimmen.

Speed-Skating ist heute in Deutschland noch eine Randsportart. Doch obwohl es derzeit nur 1.500 aktive SpeedskaterInnen gibt, kann die „kleine" Speed-Skating-Nation Deutschland international erstaunliche Erfolge aufweisen. Die dreifache Weltmeisterin Anne Titze aus Seeheim ist das Aushängeschild des deutschen Speed-Skating-Sports, Dirk Breder aus Homburg ist der schnellste Mann im Land, war vor vier Jahren 500 m-Europameister und WM-Dritter über 1.500 m. Auch der Nachwuchs sorgt schon für hervorragende Resultate und bringt von Junioren-Europameisterschaften zahlreiche Medaillen mit nach Hause.

Doch fehlen dem rasanten Sport die nötigen Zuschauerzahlen, um die großen Sponsoren anzulocken. Das Potential an talentierten Fitness-SkaterInnen hingegen ist enorm. Die meisten jedoch ahnen nicht einmal, das sie ausgezeichnete Speed-Skater sein könnten. Wer eine gute Kondition und gute technische Grundlagen mitbringt, hat durchaus Chancen, bis in die nationale Spitze vorzudringen. Roland Klöß, Bundestrainer der Speed-Skater dazu: „Wer topfit ist, Talent hat und motiviert genug ist, sich im Training zu quälen, kann ganz vorne mitfahren". Vor dem Hintergrund, daß Verbände und Hersteller schon laut über den Gang nach Olympia nachdenken, tut sich hier für manch schnellen Fitness-Skater ein triftiger Grund auf, zukünftig um eine Rolle aufzurüsten. Doch wird einem der Einstieg nicht ganz leicht gemacht. Speed-Skates sind kostspielige Sportgeräte, der Einstieg ist unter 600-800 Mark kaum zu haben, nach obenhin sind die Preise offen.

Daß der allgemeine Inline-Boom schlußendlich dann doch auf den Sport durchschlägt, macht sich bei den großen Laufveranstaltungen schon bemerkbar. Da bei solchen Rennen nicht nur in Speed- sondern auch in Fitness-Klassen gestartet wird, wächst ein Teilnehmerfeld schon mal in den vierstelligen Bereich. So gingen beim '97er Köln-Marathon, der ja eigentlich ein klassischer Laufwettbewerb ist, bereits mehr als 1.000 Inline-SkaterInnen an den Start. Von Rahmenprogramm kann man da eigentlich nicht mehr sprechen. Die Marathondistanz von 42,195 Kilometer legen Top-Speed-Skater in knapp 70 Minuten zurück (Weltrekord 1.04:27,986 h), erreichen also eine Durchschnittsgeschwindigkeit von rund 40 km/h. Auch in Sachen Beschleunigung beibt einem angesichts des aktuellen Weltrekordes des Italieners Ippolito Sanfratello glatt die Luft weg: Er benötigte für die 300 m-Sprintdistanz auf ebener Strecke gerade einmal 24,418 Sekunden. Beim Überqueren der Ziellinie wurde seine Geschwindigkeit mit 57 km/h gemessen! Wer interessiert sich da noch für Rennräder?

Rund 40 Speed-Skating-Vereine kümmern sich in Deutschland um den Nachwuchs. Wer sich mit einem der Vereine in Verbindung setzen möchte, kann von der Speed-Skating-Abteilung des Deutschen Rollsport-Bundes in Utting (Anschrift auf der linken Seite) eine Liste mit den Adressen erhalten. Viele dieser Vereine bieten auch Schnupperkurse an, vielleicht die einfachste Möglichkeit, sich einmal auf Fünfrollern zu versuchen. Beim DRIVE / DRB könnt Ihr auch eine Terminliste von allen Speed-Skating-Veranstaltungen erhalten, bei denen auch Fitness-LäuferInnen auf Vierrollern an den Start gehen können.

LOCKER BLEIBEN

ODER: WIE BEREITE ICH MICH AUF DAS SKATEN VOR?

Daß der Inline-Boom auch seine Schattenseiten hat, können vor allem die Krankenkassen bestätigen. Die Zahl der Verletzungen ist so hoch, daß die Kosten für die Behandlung und Rehabilitation von verletzten Inline-SkaterInnen bereits in den dreistelligen Millionenbereich gehen! Pro Jahr, versteht sich.
Die AOK ist deshalb initiativ geworden und hat unter dem Titel „EASY INLINE“ ein Magazin für Fitness-SkaterInnen produziert, welches in jeder Geschäftsstelle der AOK kostenlos erhältlich ist. Die folgenden vier Seiten sind ein Auszug aus dem Inline-Kurs mit Bundestrainer Roland Klöß, entnommen aus dem EASY INLINE-Magazin der AOK:

Ohne Warm-up nie auf die Skates! Der Körper muß zunächst mal selbst „auf Touren" kommen. Dazu sind die folgenden Übungen sehr geeignet.

- Muskeln lockern und erwärmen
- für die Übungen bequeme Positionen einnehmen
- langsam an die Beweglichkeitsgrenze gehen
- immer 15-20 Sekunden belasten mit 2-3 Wiederholungen

1. Hals- und Nackenmuskulatur
Kopf im Stand zur Seite ablegen, rechte und linke Hand abwechselnd leicht auf den Kopf auflegen, und den Ellbogen des angehobenen Armes nach außen ziehen.

2. Schultergürtelmuskulatur
Den Arm vor dem Körper so anwinkeln, daß der Ellbogen vor dem Gesicht ist. Der andere Arm drückt nun sanft gegen den Ellbogen.

3. Hüftstrecker
In der Rückenlage wird ein Bein vom entgegengesetzten Arm in einer angewinkelten Position leicht zu Boden gedrückt. Beide Schultern haben Bodenkontakt.

4. Hintere Oberschenkelmuskulatur
Sitzend (Beine parallel gestreckt) wird der Oberkörper nach vorne geneigt. Wichtig: Den Rücken dabei stets gerade halten.

5. Vordere Oberschenkelmuskulatur
Im Stand ein Bein anwinkeln und mit dem Arm am Fußrücken so weit an den Körper heranziehen, bis die Ferse den Po berührt.

6. Fußstrecker
Während des Anlehnens an die Wand die Hüfte nach vorn drücken. Das hintere Bein ist die gerade Verlängerung zum Rücken. Das angewinkelte Bein steht locker auf dem Boden.

1.

2.

3.

4.

5.

6.

HALTUNG BEWAHREN

ODER: WIE FINDE ICH DIE RICHTIGE KÖRPERHALTUNG?

1.

2.

ÜBUNG 1

ÜBUNG 2

1. In der optimalen Position bilden die Knie einen leichten Winkel, man sitzt also etwas in der Hocke. Wenn der Oberkörper zudem leicht nach vorne gebeugt ist, verteilt sich das Gewicht nun gleichmäßig auf alle Rollen. Den richtigen Punkt findet man am einfachsten, in dem man ganz leicht von vorne nach hinten und wieder zurück schaukelt. Schulter, Knie und Fußspitzen bilden von der Seite betrachtet immer eine senkrechte Linie zum Boden.

2. In dieser stabilen Position ist der Körper sehr gut kontrollierbar. Auch wenn es zunächst in den Beinen etwas anstrengend ist: Erst in dieser skating-position kommt auch der richtige Spaß auf. Die Arme sind dabei stets vor dem Körper und werden nicht auf den Oberschenkeln abgestützt. Diese Position ist die Basis für sicheres Skaten und die Ausgangsposition für alle folgenden Übungen in diesem Inline-Kurs.

Ganz wichtig für ein angenehmes und sicheres Skaten ist die richtige Balance auf den Skates, d.h. der Fuß darf weder nach innen noch nach außen umknicken. Viele Skates bieten automatisch eine hohe Stabilität im Knöchelbereich, doch gutes Material ist nur die halbe Strecke auf dem Weg zum sicheren Skaten. Wichtig ist vor allem das richtige Gefühl für die Skates. Trainieren kann man die Balance am besten durch die beiden folgenden Übungen:

Übung 1:
Die Bilder links und rechts zeigen das bewußt übertriebene Außen- bzw. Innenkanten während einer Rollphase in der skating-position. Die Skates rollen dabei parallel in einer Linie. Beim Umsetzen von der Außen- auf die Innenkante kann man sehr genau spüren, wann der optimale Balancepunkt erreicht ist, hier zu sehen auf dem mittleren Bild.

Übung 2:
Beim Slalomfahren wird man indirekt gezwungen, immer auf die Innen- bzw. Außenkante der Skates zu gehen. Beide Inliner bleiben auch hierbei möglichst parallel nebeneinander. Je besser man dieses Kanten beherrscht, umso einfacher fällt dann später das Slalomlaufen. Dabei werden, wie beim normalen Kurvenlauf auch, immer nur die Skate-Innenkanten belastet. Nur wenn man den genauen Mittelpunkt der Skates gefunden hat, setzt man die Bewegungen hinterher auch wirklich sicher um. Und wenn man es dann kann, ist plötzlich alles ganz einfach. Wie immer.

VON 100 AUF NULL

ODER: WIE BREMSE ICH?

1.

2.

3.

1. Heel-Stop
Die Standard-Bremse für jedermann: Aus der skating-position heraus wird der Skate, an dem das Bremsgummi befestigt ist, leicht nach vorn geschoben. Das Körpergewicht bleibt aber auf dem anderen Bein. Die Arme dienen der Balance am besten, wenn man sie vor dem Körper hochhält. Den Bremsskate nun zunächst leicht an der Fußspitze anheben, bis die Bremskraft einsetzt. Der Oberkörper sollte dabei möglichst ruhig gehalten werden, damit man die Bremsrichtung nicht verläßt.
Je mehr Tempo, desto größer muß der Druck auf dem Bremsskate sein. Dennoch zunächst möglichst langsam anfangen und den Druck dann erst durch ein verstärktes Anheben der Fußspitze des Bremsskates erhöhen. Wenn noch mehr Bremskraft benötigt wird, das Körpergewicht langsam und leicht nach vorne verlagern.

Achtung: Die Gummi-Stopper nutzen mit der Zeit ab und sollten deshalb regelmäßig auf ihre Funktionalität überprüft werden.

1. T-Break
Aus der skating-position heraus wird ein Bein maximal im rechten Winkel auf dem Boden schleifend hinterhergezogen. Das Körpergewicht bleibt dabei auf dem Gleitbein. Mehr Druck auf dem Bremsbein bedeutet mehr Bremskraft. Zunächst sollte der Druck auf den Bremsskate nur sehr leicht ausgeübt werden, um dann langsam das Körpergewicht auf den Bremsskate nach hinten zu verlagern.

Achtung: Beim "Schleifen" im rechten Winkel drehen sich die Rollen des bremsenden Skates nicht mit, d.h. der Rollenverschleiß ist sehr hoch. Deshalb ist ein Bremswinkel, bei dem sich die Rollen mitdrehen, wesentlich rollenschonender.

3. Powerslide
Für geübte Skater und zum Bremsen aus höheren Geschwindigkeiten am besten geeignet ist der Powerslide. Der Anspruch an das individuelle Können ist hierbei allerdings sehr hoch, denn vor der eigentlichen Bremsung muß man in die Rückwärtsfahrt umspringen. Nur aus dieser Rückwärtsbewegung funktioniert der Powerslide.
Den Blick voraus wird das Bremsbein dann gegen die Fahrtrichtung gestemmt, die Rollen schleifen auf dem Boden. Durch erhöhten Druck auf den Bremsskate erhöht sich die Bremswirkung.

Achtung: Da sich beim Schleifen im rechten Winkel die Rollen am Bremsskate nicht mitdrehen, ist der Rollenverschleiß sehr hoch.

Für alle Bremstechniken gilt: Probieren, probieren und nochmals probieren!
Niemals sollte man sich auf eine Bremstechnik verlassen! Für alle gilt die Regel, daß es ein Standbein gibt (auf dem das Körpergewicht ruht) und ein Bremsbein (auf dem anfangs möglichst wenig Körpergewicht liegen darf).
Jeder Skater muß sein persönliches Bremsbein selbst bestimmen Ein Tip: Durch eine einfache Bremswegmessung hat man nicht nur viel Spaß, sondern ermittelt auch sehr einfach die für sich effektivste und somit beste Bremstechnik.

Alle Bremstechniken haben ihre Tücken und sind eigentlich nur zum Anbremsen oder zur Tempominderung geeignet, deshalb muß die Geschwindigkeit immer der Umgebung und dem eigenen Können angepaßt sein!

GESÜNDER STÜRZEN

ODER: WIE FALLE ICH RICHTIG?

1.

2.

3.

4.

Wenn der Sturz unvermeidlich ist, ist noch nicht aller Tage Abend. Ein kontrollierter Sturz kann sogar in brenzligen Situationen die beste aller Bremstechniken sein. Es kommt vor allem auf zwei Dinge an: Die richtige Technik zu beherrschen und die komplette Schutzausrüstung zu tragen. Nur sie garantiert im Fall des Falles den verletzungsfreien Sturz. Wer den Ablauf auf den Bildern A bis D mehrfach wiederholt, ist für den Ernstfall gewappnet.

Diese Übung wird zunächst aus dem Stand heraus durchgeführt. Wenn man sich dann sicher genug fühlt, sollte das Stürzen immer aus der Fahrt heraus geübt werden. Der Bodenbelag sollte beim Üben möglichst glatt sein. Achtung: Je schneller man fährt, desto schwieriger wird es, die richtige Fahrt- oder Sturzrichtung einzuhalten.

Phase 1:
Es ist generell sehr wichtig, immer nach vorn zu fallen (Stürze nach hinten sollten aus dieser Position erst gar nicht passieren, denn sie sind zumeist unkontrolliert und damit sehr gefährlich). Die Arme werden angewinkelt nach oben genommen, denn den ersten Bodenkontakt müssen die Knie haben.

Phase 2:
Das Fallen auf die Knieschoner ist anfangs eine Mutfrage. Mit der entsprechenden Ausrüstung merkt man aber schnell, daß der Sturz auf die Knieschoner tatsächlich keinerlei Schmerzen bereitet. Die Arme bleiben zunächst noch angewinkelt in der Luft und kommen erst später zum Einsatz.

Phase 3:
Nachdem man auf beiden Knieschonern gelandet ist, wird der Oberkörper nach vorne gekippt, bis die Ellbogen auf dem Boden aufsetzen. Ohne Schoner wäre dies schmerzlos undenkbar, mit Schonern werden die Ellbogen zum Bremsanker. Die Hände bleiben immer noch in der Luft.

Phase 4:
Erst jetzt kommen die Handgelenkschoner zum Einsatz. Hierbei ist es wichtig, die Fingerspitzen nach oben zu strecken, weg vom Boden. Wenn man diese Phase des Sturzes erreicht hat, ist schon fast alles vorüber - und es hat gar nicht weh getan! Diese effektive Technik funktioniert natürlich nur mit Schonern.

Achtung:
Die Risiken beim Skaten liegen oftmals allein in der Selbstüberschätzung. So schön es beispielsweise auch sein mag, „downhill" einen Berg hinunter zu rauschen, so gefährlich ist es auch. Selbst Profis warnen davor, denn bei höheren Geschwindigkeiten können weder die besten Bremstechniken noch der beste Inline-Skater die Skates unter Kontrolle halten. So, nun aber viel Spaß beim Üben und Skaten!

BRINGT UNS ZUR STRECKE!

GESUCHT: EURE INLINE-FITNESS-ROUTEN

3 X DEUTER INLINE-RUCKSACK

3 X G-SHOCK WILD WITCH

3 X NIKE AIR WARP

3 X WALKLINE GEHSCHIENE

3 X ROCES CULTURE 7/03

3 X CRATONI-HELM

15 Routen können nicht alles sein. Wir suchen deshalb für den INLINE GUIDE weitere interessante Skate-Routen in Eurem Sektor und anderswo. Diese Routen müssen nicht zwingend vor Eurer Haustür liegen, denn Tourentips sind vor allem dort sehr willkommen, wo viel geskatet wird - also überall. Schickt uns Eure Vorschläge - wenn Ihr Lust habt, auch aus dem Ausland - und Ihr könnt gewinnen. Unter allen Einsendern von Routentips verlosen wir eine Menge hochwertigen Fitness-Equipments (der Rechtsweg ist ausgeschlossen). Was genau, sehr Ihr auf dieser Seite.

Wir brauchen von Euch den Start- und den Zielpunkt Eurer Strecke, eine kurze Beschreibung des Verlaufs, des Schwierigkeitsgrades, vielleicht noch der Freizeitmöglichkeiten am Rande des Weges und bestenfalls noch eine kleine Skizze. Außerdem interessiert uns natürlich, was Euch an dieser Strecke so gut gefällt.

Ihr könnt uns Eure Vorschläge faxen oder per Post an uns senden. Also: Wir kommen nur auf Touren, wenn Ihr uns zur Strecke bringt. Der Einsendeschluß für das Gewinnspiel ist der 31. Oktober. Doch Eure Tips sind natürlich auch danach noch bei uns willkommen.

Einsenden an:

Pecher & Böckmann
Red. INLINE GUIDE
Antonienallee 25
45279 Essen

oder per Fax:

02 01 / 53 02 39

DIE LAGE

UNSER „KURSANGEBOT" IN MÜNCHEN

Inline-Skates funktionieren nur auf glattem Asphalt, der allerdings über etliche Kilometer hinweg sehr schwer zu finden ist. Erkundungen auf eigene Faust enden deshalb oft im geschotterten Abseits. Wo skaten also, wenn die immergleiche „Hausstrecke" nach und nach langweilig wird?

Wir bieten im INLINE GUIDE 15 Alternativen an, die von Inline-Scouts auf ihre Tauglichkeit gecheckt wurden. 15 Strekken unterschiedlichen Charakters, Routen zum bummeln und sprinten, Touren für Träumer und Tempo-Freaks. Dazu sei gesagt, daß die verkehrsrechtliche Situation der Inline-Skater vielen interessanten Rundkursen noch immer einen Riegel vorschiebt, denn wenn sich auch in der harten Realität schon längst Sohlen, Reifen und Rollen die Wege teilen, so müssen sich doch alle Skater darüber im klaren sein, daß die Benutzung von Radwegen mit den rollenden Schuhen auch in der 98er Saison noch immer nicht erlaubt ist. Wir sind jedoch der Zeit ein wenig vorausgeeilt und haben in einige Routen auch Abschnitte auf Radwegen eingebaut, allein deshalb, weil es sich kaum vermeiden läßt. Wer diese Routen dennoch skatet, wird also zum Schwarzfahrer.

Um so wichtiger, daß Walker, Biker und Skater zukünftig noch mehr Rücksicht aufeinander nehmen. Wir haben die vorgestellten Routen mir großer Sorgfalt erkundet. Sollte sich dennoch irgendwo ein Fehler eingeschlichen haben, so laßt es uns bitte wissen. Auch können wir nicht ausschließen, das Details sich im Laufe der Zeit verändern. Um den INLINE GUIDE immer auf dem aktuellsten Stand zu halten, sind Eure Hinweise - z.B. auf Baumaßnahmen - bei uns sehr willkommen.

Eine Übersicht aller in den Karten verwendeten Symbole zeigt Euch der praktische kleine Klapper auf der letzten Seite des Buches, den Ihr auch als Lesezeichen nutzen könnt. Viel Spaß also bei der Lektüre und viele erlebnisreiche und sturzfreie Kilometer auf acht oder zehn Rollen.

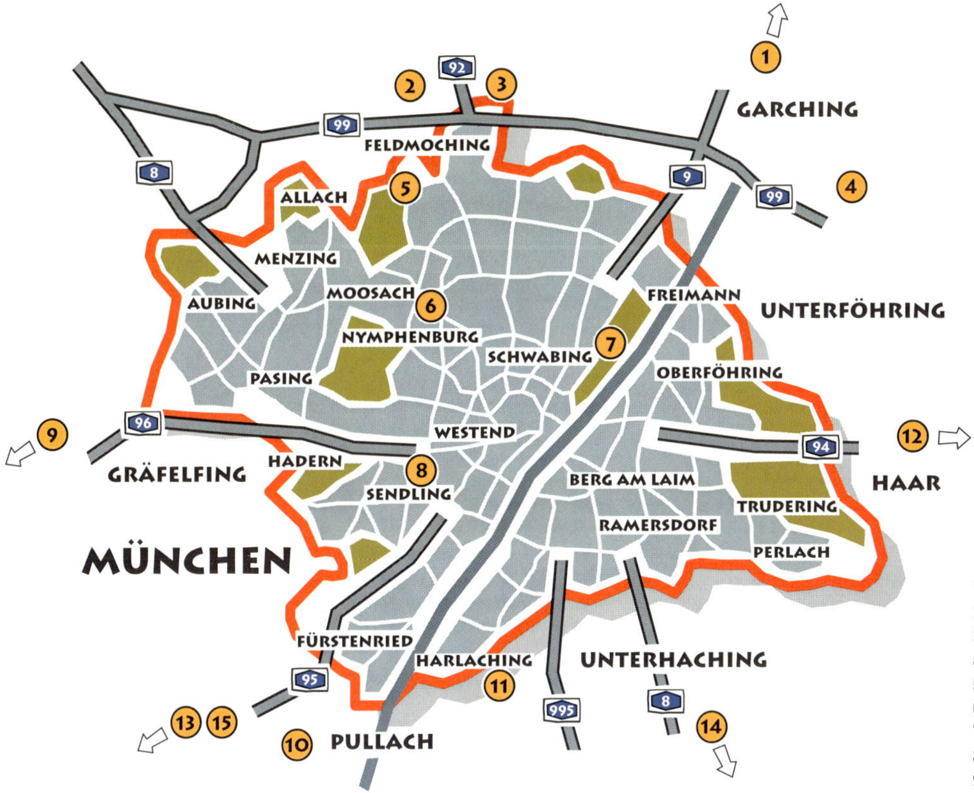

1. Von Pulling zum Surfsee a.d. Mühlwiesen
2. Olympia-Regatta-Strecke
3. Am Oberschleissheimer Schloss
4. Speichersee
5. Fasaneriesee zum Feldmochinger See
6. Im Olympiapark
7. Englischer Garten
8. Westpark
9. Von Türkenfeld nach Stegen am Ammersee
10. Buchenhain - Forstenrieder Park
11. Perlacher Forst und Grünwalder Forst
12. Kirchseeon
13. Von Söcking nach Andechs
14. Von Dürrnhaar nach Egmatingen
15. Von Raisting nach Weilheim

200 M 400 M 600 M
N
S
1 AM BAHNDAMM
2 PULLINGER HAUPTSTR.
3 BRUNNWIESENSTR.
4 THEODOR-SCHERG-STR.
5 SOMMERSTR.
6 ST.-ULRICH-STR.
START
PULLING (FREISING)
HALTESTELLE PULLING
S1
ABSTECHER
FISCHZUCHT MOOSMÜHLE
MASSEN-HAUSEN (NEUFAHRN)
ACHERINGER STR.
11
ACHERING (FREISING)
FÜRHOLZER STR.
NEUFAHRNER STR.
MÜNCHNER STR.
92
RICHTUNG FLUGHAFEN-F.-JOSEF-STRAUSS
SURF-SEE
RICHTUNG AK-NEUFAHRN
AS-FREISING-SÜD
RICHTUNG NEUFAHRN, GARCHING, MÜNCHEN

TOUR NR. 1

VON PULLING ZUM SURFSEE AN DEN MÜHLWIESEN

16,5 KM / EINSTEIGER-GEEIGNET

LAGE:
München-Nord, zwischen Neufahrn und Freising, westlich der Isar.

STARTPUNKT:
Parkplatz am Haltepunkt Pulling.

ANFAHRT:
Pkw: BAB 92 München/Landshut, Ausfahrt Freising-Süd. Weiter Richtung Freising. Durch Achering durch und weiter Richtung Freising. Etwa 2 km, dann der Ausschilderung Pulling nach links folgen. Auf der St. Ulrich Straße (später Pullingerstr.) nach links in den Ort und nach der Kirche die erste Straße nach links (Bahnstraße). Es gibt hier einen P&R-Platz.
ÖPNV: Vom Hauptbahnhof München aus mit der S 1 (Richtung Freising) bis Haltestelle Pulling.

STRECKENCHARAKTER:
99% Asphalt, 200 m Verbundsteinpflaster. Durchgängig ebene Strecke auf Rad- und Fußwegen sowie auf wenig befahrenen Straßen. Hin- und Retour-Strecke mit Rundkurs statt Wendepunkt.

SPECIALS:
Surfsee mit Bademöglichkeit und Gastro.

TIP:
Eine (noch) sehr ruhige Strecke, die Ihr mit einem Abstecher zur Hauptstraße um etwa 4 km verlängern könnt. In Seenähe allerdings müßt Ihr mit etwas größerem Andrang (Surfer/Badegäste) rechnen. Nett für ein Fitness-Training.

BESCHREIBUNG:
Zum Auftakt könnt Ihr an einem Geländer festen Halt suchen: Es geht zu einer Fußgängerbrücke hinauf, die Euch über die Geleise bringt. Und am Ende wieder runter. Alle gut angekommen? - Na dann los. Skatet über die Straße „Am Bahndamm", links an den Geleisen entlang. Der Weg ist für den Kfz-Verkehr gesperrt. Nach 400 m rollt Ihr nach rechts und am Bahnübergang über die Geleise. Folgt nun dem Fußweg auf der linken Seite der Pullinger Hauptstraße. Am ersten Abzweig fahrt Ihr nach links in die Brunnenwiesenstraße. Eine Linkskurve, eine Rechtskurve und am Ende nach links rollen: Über die Theodor-Scherg-Straße geht`s Richtung „Giggenhausen". Auf den nächsten Kilometern ist der Asphalt übrigens ausgesprochen gut und wird nur ab und an durch Passagen mit schlechterem Belag unterbrochen.
Am Ortsausgang Pulling weiter der Straße folgen. Ihr kommt vorbei an einem Abzweig nach rechts: Wer mag, kann hier abbiegen und einen Abstecher Richtung Hauptstraße einbauen (s. Tip).
Die Hauptstrecke führt weiter geradeaus bis zu einer T-Kreuzung. Rollt nach rechts auf den Landwirtschaftsweg; die „Fischzucht Nadler" ist ausgeschildert. Hinter km 2,5 skatet Ihr durch eine Linkskurve, später dann über zwei Brücken. Brücke Nr. 3 bringt Euch über den Galgenbach, die nächste führt über den Mieskanal. Vorbei an der „Fischzucht Moosmühle" gelangt Ihr zu einer Weggabelung, an der Ihr Euch links haltet: Ihr überquert anschließend zwei Brücken, rollt an einer Kapelle vorbei und zwischen Fischteichen durch. Hinter km 7 erreicht Ihr eine Kreuzung und folgt nach rechts dem Schild „Mooswirt am See". Auf den nächsten 700 m liegen nicht nur Parkplätze am Weg, sondern auch Wasserflächen und der bereits erwähnte Gastropunkt.
Bei km 8 könnt Ihr nach rechts (100 m vorher gibt es einen Abzweig nach links, der Euch aber auf Abwege führt) auf den Rad- und Fußweg Richtung Massenhausen einbiegen. Eine S-Kurve, eine leichte Steigung und eine Linkskurve, dann trefft Ihr auf eine stärker befahrene Hauptstraße. Ihr müßt ohne Ampel drüber - also Vorsicht. Auf dem Radweg Richtung Massenhausen skatet Ihr geradeaus weiter über eine Brücke, zwischen Sperrpfosten durch und bis zur nächsten Straße. Nach rechts abbiegen und 200 m weiter erneut nach rechts Richtung „Neufahrn bei Freising". In der folgenden Rechtskurve nehmt Ihr den Landwirtschaftsweg, der nach links abzweigt Richtung „Moosmühle". Gut einen Kilometer durch die Felder, dann an der Weggabelung Richtung „Fischzucht Moosmühle". Ihr habt nun noch knapp 5 Kilometer vor Euch, mit einer Streckenführung die Euch vom ersten Teil der Tour vertraut sein sollte.

ROCCS
BADERSFELD
(OBERSCHLEISSHEIM)
RICHTUNG
DACHAU
START
471
DACHAUER STR.
AS-OBER-
SCHLEISSH.
92
WENDEPUNKT
AM TOR
ZIEL
ANSCHLUSS
AN TOUR NR.2
P
TRIBÜNE
OLYMPIA-REGATTASTRECKE
REGATTAWEG
ABSTECHER
START
N
S
RICHTUNG
AD-MÜNCHEN-
FELDMOCHING
FELDMOCHING
99
200 M 400M 600M

TOUR NR. 2

OLYMPIA-REGATTA-STRECKE

9 KM PLUS ABSTECHER 3,5 KM / EINSTEIGER-GEEIGNET

LAGE:

Nördlich von München.

STARTPUNKT:

Parkplatz am Leistungszentrum für Rudern und Kanu.

ANFAHRT:

BAB 92, Ausfahrt Oberschleißheim. Weiter auf der B 471 Richtung Dachau. An der Ampel geradeaus und bei der nächsten Möglichkeit links zum „Leistungszentrum für Rudern und Kanu". Nehmt den ersten Parkplatz rechts an der Zufahrtsstraße.

STRECKENCHARAKTER:

100% Asphalt. Durchgängig ebene Piste. Hin- und Retour-Strecke mit einem Abstecher, den Ihr über eine leichte Steigung erreicht.

SPECIALS:

Regattastrecke.

TIP:

Die Regattastrecke ist Austragungsort für unterschiedliche Veranstaltungen. Das Spektrum reicht vom Ruderwettkampf bis zum Kanupolo. Im Sommer bzw. an den Wochenenden werden Inline-Skates ausgeliehen. Wer mag, kann aber auch Bungee-Jumpen. Also Ihr seht schon, nix für Ruhe- und Naturpur-Freaks. Eher etwas für Leute, die auch beim Skaten Kontakte knüpfen wollen und Spaß an quirligem Drumherum haben. Übrigens: Der Asphalt ist exzellent.

BESCHREIBUNG:

Ihr rollt erst einmal auf der Zufahrtsstraße des Parkplatzes (am Leistungszentrum vorbei) zurück zur Einfahrt, dort nach links und durch ein Tor zum Zielbereich der Regattastrecke. Folgt der Ausschilderung „Regattabüro & Information". Auf gutem Asphalt skatet Ihr nach 300 m an der Zuschauertribüne vorbei. Es geht schnurgeradeaus. Die Regattastrecke liegt die ganze Zeit über rechts von Euch.

Hinter km 2 kommt Ihr zum Startbereich der Wasserpiste. Eine Rechtskurve, dann eine kurze Gerade und noch eine Rechtskurve: Schon rollt Ihr in die entgegengesetzte Richtung, das Wasser weiterhin zur Rechten. Nach knapp 4,5 km werdet Ihr von einem Tor ausgebremst: Es gibt keinen Weg daran vorbei, um den Rundkurs um die Regattabahn zu schließen. Also setzen wir hier zwangsläufig den Wendepunkt. Bevor Ihr jedoch auf dem Rückweg den Startbereich passiert, gibt es noch eine Abstecher-Möglichkeit: In der ersten Linkskurve könnt Ihr nach rechts über eine Steigung auf einen Damm hinauf fahren. Rollt durch das Tor (es wird nur im Rahmen bestimmter Veranstaltungen geschlossen) auf den Regattaweg. Folgt dieser sehr wenig befahrenen Straße nach rechts. Sie windet sich nach etwa einem Kilometer durch eine Linkskurve. Ihr könnt bis zu einer Brücke rollen und solltet hier wenden: Hinter der Brücke geht der Weg als Sand- und Schotterpiste weiter. Der Abstecher umfaßt hin und retour etwa 3,5 km. Im Startbereich der Regattabahn habt Ihr auf dem Rückweg geradeaus wieder Anschluß an die Grundtour.

RICHTUNG FREISING
OBER-SCHLEISSHEIM
HALTEST. OBERSCHLEISSHEIM
KREUZSTR.
RICHTUNG DACHAU
92
AS-OBERSCHLEISSHEIM
FREISINGER STR.
RICHTUNG GARCHING
471
DACHAUER STR.
START
ANSCHLUSS AN TOUR NR.2
ALTES SCHLOSS
NEUES SCHLOSS
SONNENSTR.
S1
LUSTHEIM (OBERSCHLEISSH.)
N
S
DEUTSCH. MUSEUM (ABT. LUFT- UND RAUMFAHRT)
FLUGPLATZ
HOCH-MUTTING
250M 500M 750M
1 MAX-EMANUEL-PLATZ
2 MÜNCHNER STR.
3 MÜNCHNER ALLEE
4 JÄGERSTRASSE
5 FERD.-SCHULZ-ALLEE
6 EFFNERSTRASSE
7 AMIGONISTRASSE
RICHTUNG AK-MÜNCHEN-NORD
AUTOB.-DREIECK M.-FELDMOCHING
99
AS-M.-NEUHERBERG
13
FELDMOCHING
HASENBERGL

TOUR NR. 3

AM OBERSCHLEISSHEIMER SCHLOSS

7,5 KM / EINSTEIGER-GEEIGNET

LAGE:
Nördlich von München.

STARTPUNKT:
Max-Emanuel-Platz direkt vorm Schloß.

ANFAHRT:
Pkw: BAB 92, Ausfahrt Oberschleißheim. Weiter Richtung Oberschleißheim. In der Ortschaft dem Verlauf der B 471 folgen. Nach dem Bahnübergang folgt Ihr der zweiten (!) Ausschilderung „Schlösser und Museen Schleißheim". Am Max-Emanuel-Platz parken.
ÖPNV: Vom Hauptbahnhof München mit der S 1 (Freising) bis Oberschleißheim. Den Schildern zu den Schlössern und Museen folgen. Der Freisinger Straße nach links folgen bis zum Max-Emanuel-Platz.

STRECKENCHARAKTER:
100% Asphalt, davon 10% rauh. Durchgängig ebene Strecke auf Rad-, Fuß- und Landwirtschaftswegen.

SPECIALS:
Kleiner Flughafen und eine Flugwerft, Außenstelle des Deutschen Museums. Gastro und Biergarten.

TIP:
Unterwegs mit Kind und Kegel: Diese Route ist dazu gut geeignet. Ein bißchen Umsicht ist allerdings in der Tempo-30-Zone angesagt. Wer einen Abstecher in die Museumsaußenstelle machen will, sollte Straßenschuhe in den Rucksack packen. Skater, die mit dem Wagen anreisen, können diese Tour mit der Route an der Regatta-Strecke (Nr. 2) kombinieren.

BESCHREIBUNG:
Vom Parkplatz rollt Ihr zwischen Sperrpfosten durch und am Schloß entlang. Das Neue Schloß liegt links von Euch. Nach 200 m die nächsten Absperrpfosten.
Haltet Euch geradeaus: Am Ende des Schlosses skatet Ihr halblinks über eine Brücke, an einer Schranke vorbei und weiter entlang der Münchner Straße (später Münchner Allee). Der bislang recht mäßige Asphalt wird nun besser. Auf einem Fuß- und Radweg geht es hinter km 1 am stillgelegten Teil einer Flugpiste vorbei. Kurz vor km 2 liegt ein Gehöft am Weg; den gegenüberliegenden Abzweig laßt Ihr links liegen und fahrt geradeaus auf einer asphaltierten Allee weiter.
Ihr habt nun die Häuser von Hochmutting erreicht. Nach weiteren 300 m gibt es rechts einen Abzweig zur Kirche. Skatet geradeaus daran vorbei bis zur Kreuzung beim Ortsausgang: Hier führt die Route nach rechts. Auf der Jägerstraße rollt Ihr in ein Landschaftsschutzgebiet. Für die wenigen Fahrzeuge, die hier unterwegs sind, gilt Tempo 30.
Hinter km 3,5 zweigt nach rechts ein Radweg ab, an dem Ihr aber geradeaus vorbei fahrt. Rechts von Euch liegen dann Flugzeughallen. Folgt der Straße durch eine Rechtskurve Richtung Deutsches Museum/Flugwerft. Es geht durch eine S-Kurve und bei km 6 fahrt Ihr am Abzweig zum Flugplatz Oberschleissheim vorbei. Rechter Hand liegt eine Gastwirtschaft. Ein paar hundert Meter weiter findet sich ebenfalls rechts die Flugwerft.
Fahrt bei km 7 durch den Wendekreis geradeaus weiter auf dem schmalen, asphaltierten Weg und biegt an der folgenden T-Kreuzung nach links ab. Noch vor dem Alten Schloß skatet Ihr nach rechts in die Amigonistraße (Achtung Autos) Richtung „Schloßwirtschaft". Am Biergarten vorbei, dann an der Weggabelung nach links und auf bekanntem Weg zurück zum Start.

1 AN DER DORFEN
2 BIRKHAHNWEG
3 GROSSSENDERSTR.
4 LANDSHAMER STR.
5 REMISSTRASSE
6 ASCHHEIMER STR.
N
S
FINSINGERMOOS
(FINSING)
BRUCKMAIRSTR.
ISMANING
250M 500M 750M
471
MAYERBACHERSTR.
VORDERE MOOSSTR.
REITERHOF
BMW-VERSUCHSGELÄNDE
SPEICHERSEE
KRAFTWERK
PARK-
BUCHT
P
ISMANINGER STR.
RICHTUNG
99
START

TOUR NR. 4

SPEICHERSEE

18,5 KM / EINSTEIGER-GEEIGNET

LAGE:
München-Ost, östlich von Ismaning.

STARTPUNKT:
Parkbuchten in der Linkskurve der Piste parallel zur Ismaninger Straße.

ANFAHRT:
BAB 99, Ausfahrt Aschheim/Ismaning. Weiter Richtung Ismaning. Eine Brücke bringt Euch über Fischteiche und den Isarkanal. Fahrt am Parkplatz auf der rechten Seite vorbei und biegt danach an der ersten Möglichkeit nach rechts ab Richtung „Golf-Center Gut Eicherloh". In einer Linkskurve dieser Straße liegt rechts eine Parkbucht.

STRECKENCHARAKTER:
100% Asphalt, davon 15% rauh. Strecke mit einer leichten Steigung und einem ebensolchen Gefälle. Zu 85% auf wenig befahrenen Straßen, zu 15% auf Land- und Forstwirtschaftswegen.

SPECIALS:
Außer Landschaft nichts von Belang. Packt vorsichtshalber Brotzeit und Durstlöscher in den Rucksack.

TIP:
Ob unter der Woche oder am Wochenende, hier bleibt es relativ ruhig. Fitness-Skater werden die Strecke zu schätzen wissen; der Asphalt ist gut bis sehr gut. Und wer mag, kann zwischendurch auf breiter Piste Tempo machen. Vom See selbst werdet Ihr allerdings nicht allzuviel sehen. Es geht ein gutes Stück am Versuchsgelände eines bekannten Münchener Automobilherstellers vorbei - mit Einblick an der ein oder anderen Stelle.

BESCHREIBUNG:
Aussteigen und rechts halten: Auf der wenig befahrenen Straße skatet Ihr nach den ersten 500 m an einem Kraftwerk vorbei. Hinter km 1 laßt Ihr links einen Land- und Forstwirtschaftsweg liegen (Stelle für den Rückweg merken). Folgt weiterhin der Hauptstraße: Rechtskurve, Linkskurve, dann - vor dem BMW-Gelände - dem Linksknick der Straße folgen und einen größeren Bogen schlagen. Kurz vor km 3 wird der Asphalt noch einmal deutlich besser. Ihr skatet jetzt schnurgerade stets am Versuchsgelände lang - das Euch die Aussicht auf den Speichersee versperrt. Hinter km 5,5 zweigt die „Landshamer Straße" nach links ab: Rollt zunächst geradeaus vorbei (später werdet Ihr aus anderer Richtung noch einmal an diese Stelle kommen).
Kurz hinterm Ende des Versuchsgeländes biegt Ihr nach links in den Birkhahnweg; Golf-Center und Reitclub sind ausgeschildert. Am Ende des Weges trefft Ihr auf die Großsenderstraße. Folgt dieser nach links. Am nächsten Abzweig noch einmal links über eine Brücke und weiter auf der Landshamer Straße. Mehr als 10,5 km liegen hinter Euch. Wenn Ihr auf eine T-Kreuzung (oben schon erwähnt) trefft, skatet nach rechts. Jetzt wieder schnurgerade - allerdings in Gegenrichtung - am Versuchsgelände entlang.
Bleibt auf der vom Beginn der Tour bekannten Strecke, bis rechts ein Forstwirtschaftsweg abzweigt. Diesmal folgt Ihr der Ausschilderung „Isarauen und Ismaning", biegt also rechts ab. Ein ganzes Stück geradeaus, dann durch eine S-Kurve und an der folgenden T-Keuzung nach links. Bei km 17, kurz vor einer Hauptstraße folgt Ihr dem Landwirtschaftsweg nach links. Der Belag ist jetzt deutlich schwächer. Nach einer leichten Steigung mündet der Weg in eine Straße, die Euch über ein leichtes Gefälle geradewegs zu den Parkbuchten zurück führt.

1 AM SCHNEPFENWEG
2 SONNENTAUSTR.
3 PAPPELALLEE
4 HAMMERSCHMIEDSTR.
5 GÖTTNERSTR.
6 FELDMOCHINGER SEEWEG
7 REIGERSBACHSTR.
RICHTUNG AUTOBAHN-DREIECK M.-FELDMOCHING
99
FELDMOCHING
N
S
200 M 400M 600M
KARLSFELDER STR.
ALTERNATIVER WENDEPUNKT
FELDMOCHINGER SEE
KAISERHÖLZLSTR.
304
FERCHENBACHSTR.
OBERMOOSSTR.
FELDMOCHINGER STR.
FASANERIESEE
S1
LUDWIGSFELD
DACHAUER STR.
AUF DEN SCHREDERWIESEN
START
AM BLÜTENANGER
P
TONI-PFÜLF-STR.
LERCHENAUER STR.
SIEDLUNG LERCHENAUER SEE
RICHTUNG MITTL. RING
FASANERIE NORD
RANGIERBAHNHOF MÜNCHEN-NORD
S
HALTESTELLE FASANERIE

TOUR NR. 5

FASANERIESEE ZUM FELDMOCHINGER SEE

10 KM / EINSTEIGER-GEEIGNET

LAGE:
Nordwestlich des Olympiaparks.

STARTPUNKT:
Parkplatz am Fasaneriesee.

ANFAHRT:
Pkw: Den „Mittleren Ring“ beim Olympiapark Richtung Landshut/Ingolstadt verlassen (Landshuter Allee). An der ersten Ampel links Richtung Dachau und später wieder rechts Richtung Feldmoching/Oberschleißheim. Die Feldmochinger Straße führt über die S-Bahn-Geleise und zum Parkplatz am Fasaneriesee.
ÖPNV: Mit der S 1 bis Fasanerie. Dann an der Feldmochinger Straße entlang zum Parkplatz am Fasaneriesee.

STRECKENCHARAKTER:
99% Asphalt, 200m Pflaster. Strecke mit seltenen, leichten Steigungen und Gefällen. Hin- und Retour-Strecke überwiegend auf Bürgersteigen und Radwegen. Oder Rundkurs, mit längerer Passage über eine wenig befahrene Straße.

SPECIALS:
Kiosk und Bademöglichkeit am Feldmochinger See.

TIP:
Guter Belag und Bademöglichkeit - keine schlechte Kombination! Die Seen sind als Ausflugsziel beliebt. Am Wochenende werdet Ihr hier nicht allein bleiben.

BESCHREIBUNG:
Am Ausgang des Parkplatzes folgt Ihr dem asphaltierten Rad- und Fußweg nach rechts. Nach 100 m nehmt Ihr - es geht an Absperrpfosten vorbei - den Fußweg, der nach rechts zum See hinunter führt. An der T-Kreuzung links. Ihr skatet an zwei Abzweigen vorbei und fahrt an der Gabelung vor km 2 geradeaus; der Weg bringt Euch vom See weg zu einer Hauptstraße, die Ihr überqueren müßt (linker Hand gibt es eine Fußgängerampel). Folgt der Straße „Am Schnepfenweg“; auf der linken Seite gibt es einen Fuß- und Radweg. Über 200 m ist der Weg gepflastert, dann überquert Ihr die Sonnentaustraße.
An der Kreuzung bei km 3 rollt Ihr nach rechts (Stelle für Rückweg merken) und etwa einen Kilometer weit an der Pappelallee entlang. Hinter einer Rechtskurve erreicht Ihr eine T-Kreuzung, an der es nach links Richtung „Feldmochinger See“ weiter geht. 300 m dahinter die nächste T-Kreuzung: Links in die Hammerschmiedstraße. Nach 100 m rechts weiter an der Göttnerstraße entlang und gleich darauf an der Gabelung links in den Feldmochinger Seeweg. Ihr skatet über eine kleine Brücke und bis zur Hauptstraße.
Bei km 5 erreicht Ihr den Feldmochinger See. Wer auf das Touren über die wenig befahrene Ferchenbachstraße verzichten will, setzt hier den Wendepunkt.
Für die anderen heißt es, auf zum zweiten Teil des Rundkurses. An der T-Kreuzung links auf die Ferchenbachstraße. Ihr bleibt auf dieser Straße bis kurz vor km 7,5. Dann erreicht Ihr eine Querstraße namens „Auf den Schrederwiesen“. Skatet nach links und fahrt auf dem Radweg bis „Am Blütenanger“. Folgt dieser Straße nach links; am besten wechselt Ihr dazu auf den Bürgersteig auf der rechten Straßenseite. Kurz vor km 9 kommt Ihr zur nächsten Kreuzung, an der Ihr links abbiegt (Pappelallee). 200 m weiter die nächste Kreuzung. Hier nach rechts rollen - Ihr befindet Euch nun wieder auf der Straße „Am Schnepfenweg“. Es bleiben nun noch 3 km bis Ihr zum Ausgangspunkt der Tour zurück kommt.

OLYMPIA-PARK
U3
HALTESTELLE OLYMPIA-ZENTRUM
START
RIESENFELD
BMW
BMW PARK-HAUS
304N
OLYMPIAHALLE
GEORG-BRAUCHLE-RING
PETUELRINGRING
2R
ACTION-AREA, EISSPORTSTADION
COUBERTIN PLATZ
SCHWIMM-HALLE
BORSTEI
MÖGLICHER SEITENEINSTIEG PARKPLATZ OLYMPIA-PARK
LERCHENAUER STR.
SCHLEISSHEIMER STR.
GEORGEN-SCHWAIGE
OLYMPIAPARK
OLYMPIA-BERG
LANDSHUTER ALLEE
MONTESSORI-SCHULE
TENNISPLÄTZE
RUSS. ORTHODOXE KAPELLE
304
DACHAUER STR.
ACKERMANNSTR.
1 WALTHER-BATHE-WEG
2 LUZ-LONG-UFER
3 WILLI-GEBHARD-UFER
4 W.-DÖRPFELD-WEG
5 RUDOLF-HARBIG-WEG
6 SPIRIDON-LOUIS-RING
7 LILIAN-BOARD-WEG
N
S
150M 300M 450M

TOUR NR. 6

IM OLYMPIAPARK

7,5 KM / EINGESCHRÄNKT EINSTEIGER-GEEIGNET

LAGE:
Nördlich des Zentrums.

STARTPUNKT:
U-Bahnstation Olympiazentrum.

ANFAHRT:
ÖPNV: Mit der U3 bis Haltestelle Olympiazentrum.
Pkw: Vom „Mittleren Ring" Richtung Olympiapark und den Wagen auf dem Parkplatz Olympiapark abstellen. Ihr müßt dann seitlich in die Tour einsteigen (s. Karte)

STRECKENCHARAKTER:
98% Asphalt, 2% Verbundsteinpflaster. Rundkurs mit seltenen, leichten Steigungen und Gefällen.

SPECIALS:
Action Area mit Inline Skating im Eissportstadion, Minigolf, Streetball, Gastro.

TIP:
Es geht durch die Parklandschaft und vorbei an den Wettkampfstätten der Olympischen Spiele von 1972. Über Euch und Touristen aller Art erhebt sich der Olympiaberg. Kinder und Hunde haben Vorfahrt!

BESCHREIBUNG:
Folgt von der U-Bahn-Station aus dem breiten asphaltierten Weg in Richtung Olympiaturm und laßt das BMW Olympia Parkhaus links liegen. An der nächsten Weggabelung der Ausschilderung zum Eissportstadion nach links folgen. Über eine Steigung kommt Ihr auf eine Brücke und überquert den „Mittleren Ring". Zwischen Minigolfanlage und Olympiaturm an der Weggabelung links: Zum Eissportstadion bzw. zur Action Area mit Inline-Skating sind es nur etwa 200 m.
Wenn Ihr am Stadion vorbei gefahren seid, haltet Ihr Euch rechts und überquert einen Ausläufer des Olympiasees. Über die Brücke, dann dem Willi-Gebhard-Ufer nach rechts folgen. Ihr rollt an einer Absperrung vorbei und laßt die Montessori-Schule links liegen. Kurz hinter km 2 geht es an einer Brücke vorbei, dann müßt Ihr die Straßenseite wechseln. Nach links geht es auf dem Rad- und Fußweg noch einmal durch eine Absperrung. An der Gabelung vorm Tennisplatz dem Verlauf des Weges nach rechts folgen und geradeaus weiter rollen. Skatet bis zur Hauptstraße und nehmt hier den Rad- und Fußweg nach rechts (300 m Pflaster). Rechtskurve und leichtes Gefälle, dann nach rechts auf den breiten Asphaltweg. Über eine Querstraße, dann weiter am Willi-Gebhard-Ufer entlang.
Bei der ersten Möglichkeit mit einer Links-Rechts-Kombination über eine Brücke und der Ausschilderung zum Olympiastadion folgen. Vorm Stadion rechts, über einen 20 m langen Pflasterstreifen dann erneut rechts halten Richtung Ackermannstraße (Rudolf-Harbig-Weg). Es geht um den Olympiaberg, der links von Euch liegt, herum, dann scharf links auf den Radweg an der Ackermannstraße.
Hinter km 5 erreicht Ihr den Spiridon-Louis-Ring und folgt diesem nach links: Über eine Querstraße, eine Brücke und an einer Gastro vorbei. Nehmt den Bürgersteig auf der linken Straßenseite und rollt am Ende des Fußwegs auf der Straße weiter. Unter einer Brücke durch und 100 m weiter dem asphaltierten Weg Richtung Eissportstadion folgen (Rechts-Links-Kombination). Nach einer stärkeren Steigung erreicht Ihr einen breiten Weg und folgt diesem nach links über eine Brücke, Richtung BMW-Building. Hinter der Brücke geht es leicht bergab zur U-Bahnstation. Ziel erreicht!

N
S
FREIMANN
FRANKFURTER RING
9
HALTESTELLE
STUDENTEN-
STADT
U
UNGERERSTR.
200 M
400M
600M
PETUELRING
HALTESTELLE
NORDFRIEDHOF
LEOPOLDSTR.
BIEDER-
STEIN
ISARRING
ENGLISCHER GARTEN
ISAR
SCHOTTER
(200M)
GYSSLINGSTR.
SCHWABING
HALTEST.
MÜNCHNER
FREIHEIT
HALTESTELLE
GISELASTR.
NEUES
SEEHAUS
ENGLISCHER
GARTEN
KENNEDY-BR.
HERZOG-
PARK
OBERFÖHRINGER STR.
EFFNERSTR.
BUS
154,
54
H
P
U3,
U4
START
IFFLANDSTR.
1 AM TUCHERPARK
2 HIRSCHAUER STR.
3 TIVOLISTR.
MONTGELASSTR.
BOGENHAUSEN

TOUR NR. 7

ENGLISCHER GARTEN

10,5 KM / EINSTEIGER-GEEIGNET

LAGE:
München-Ost, am westlichen Isarufer.

STARTPUNKT:
Parkplatzausfahrt zur Straße „Englischer Garten".

ANFAHRT:
„Mittlerer Ring", Abfahrt „Am Tucherpark". Dann an der ersten Ampel rechts („Am Tucherpark"). Am Ende der Straße links in die Hirschauer Straße. An der nächsten Ampel rechts Richtung Englischer Garten. Parkplatz beim Chinesischen Turm.
ÖPNV: Buslinie 54 bzw. 154 bis zum Chinesischen Turm.

STRECKENCHARAKTER:
99% Asphalt, 200 m Schotter. Durchgängig ebene Strecke. Rundkurs.

SPECIALS:
Mehrere Gastros, Biergärten und ausgedehnte Spiel- und Liege-Wiesen.

TIP:
Strecke durch eine der schönsten und bekanntesten Parkanlagen der Stadt. Bei gutem Wetter jede Menge Andrang - zu Fuß, per Rad und auf der Rolle.

BESCHREIBUNG:
Vom Parkplatz aus skatet Ihr zunächst nach rechts über die Brücke an der Hauptstraße entlang, dann - nach der kleinen Brücke - überquert Ihr die Hauptstraße „Englischer Garten" nach links und nehmt den gut asphaltierten Fuß- und Radweg in die Parkanlage.
Nach dem ersten Kilometer bringt Euch eine Brücke über einen Fluß. An der folgenden T-Kreuzung (vor dem Neuen Seehaus) skatet Ihr nach rechts und folgt an der Straße dem asphaltierten Fuß- und Radweg Richtung Hirschau/Gyßlingstraße - d.h. Ihr biegt nach rechts ab. Nach weiteren 200 m skatet Ihr unter dem „Mittleren Ring" durch und rollt geradeaus weiter Richtung Schwabing. Hinter der Sackgasse fahrt Ihr bei der nächsten Möglichkeit wieder rechts (durch eine Schranke) in den Park.
Nach einer Linkskurve und vor einer Brücke skatet Ihr nach rechts auf einen breiten asphaltierten Weg (Gastro rechter Hand). Bei km 2,5 rollt Ihr über eine weitere Brücke und geradeaus an einem Kiosk vorbei. Zwei Kilometer weit skatet Ihr stets geradeaus. Wenn Ihr dann auf einen quer laufenden Asphaltweg trefft, biegt Ihr nach links ab. Rechts geht es an dieser Stelle zu einer Gastro, die man über eine Brücke erreichen kann. Gut 200 m weiter die nächste Weggabelung: Fahrt nach links und nicht (!) über die Brücke.
Am Abzweig bei km 5,5 skatet Ihr weiter geradeaus auf dem breiten Asphaltweg. Hinter km 7 wird der Belag stellenweise etwas wellig.
Hinter km 8 endet unser asphaltierter Weg an einer Kreuzung: Ihr fahrt hier nach links und über ein etwa 200 m langes Schotterstück. Sobald Ihr eine Brücke überquert habt, ist wieder Asphalt in Sicht. An der nächsten Kreuzung rechts halten: Ihr seid nun auf einen schon bekannten Pistenabschnitt, der Euch stets geradeaus nach etwa 2,5 km an den Ausgangspunkt Eurer Tour zurück bringt.

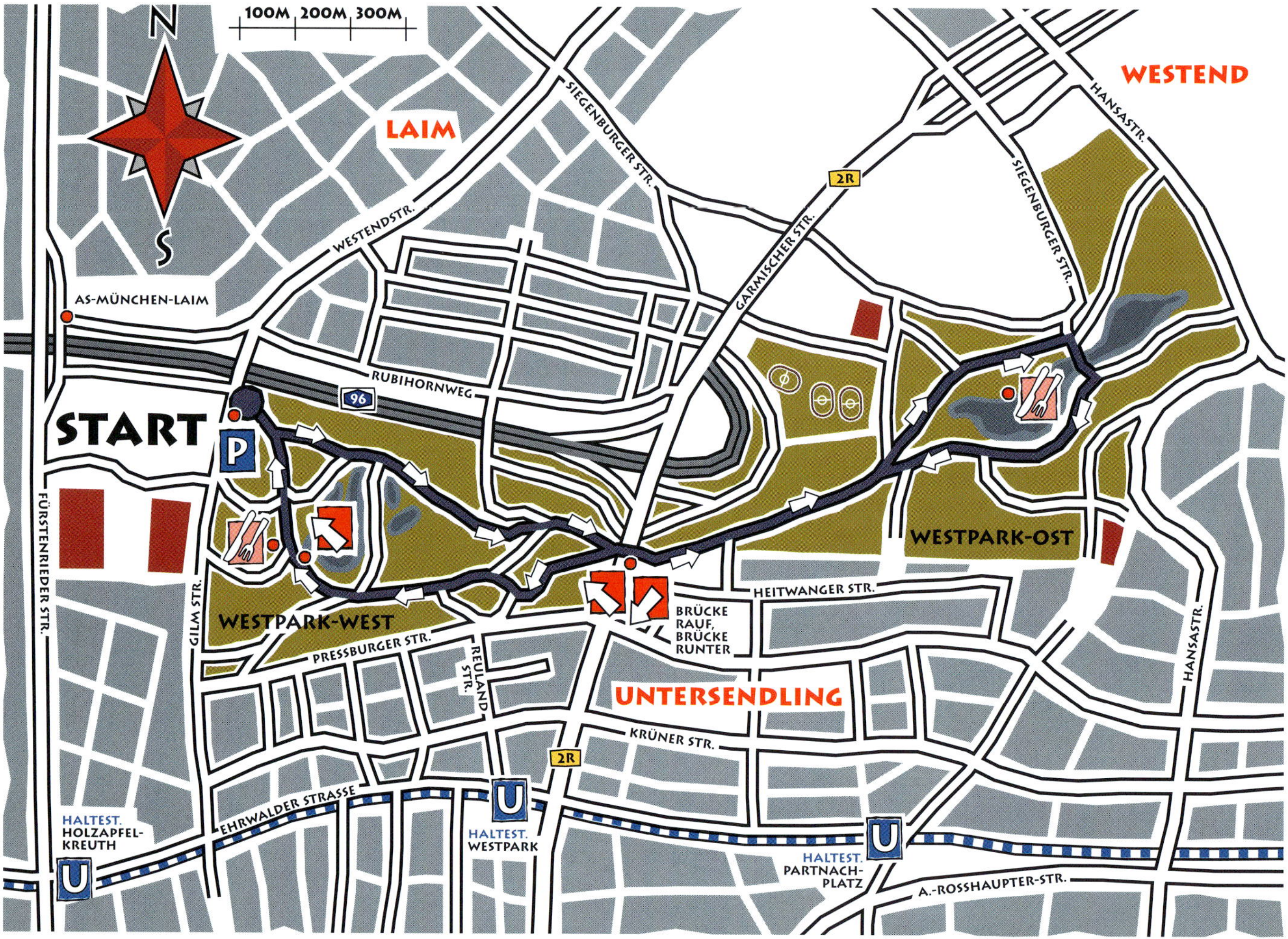

N
S
100M
200M
300M
LAIM
WESTEND
SIEGENBURGER STR.
HANSASTR.
2R
GARMISCHER STR.
WESTENDSTR.
AS-MÜNCHEN-LAIM
RUBIHORNWEG
96
START
P
FÜRSTENRIEDER STR.
GILM STR.
WESTPARK-WEST
WESTPARK-OST
HEITWANGER STR.
BRÜCKE RAUF, BRÜCKE RUNTER
PRESSBURGER STR.
REULAND STR.
UNTERSENDLING
KRÜNER STR.
EHRWALDER STRASSE
U
HALTEST. HOLZAPFELKREUTH
HALTEST. WESTPARK
HALTEST. PARTNACHPLATZ
A.-ROSSHAUPTER-STR.

TOUR NR. 8

WESTPARK

3,5 KM / EINSTEIGER-GEEIGNET

LAGE:
City-Lage München, Stadtbezirk Sendling-Westpark.

STARTPUNKT:
Parkplatz Westpark-West, Westendstraße.

ANFAHRT:
Pkw: BAB 96 München-Lindau, Ausfahrt Laim. Direkt an der Ausfahrt erreicht Ihr die Westendstraße; Parkplatz in südlicher Richtung, direkt am Westpark.
ÖPNV: U 6 Westpark, über Reulandstraße.

STRECKENCHARAKTER:
99% Asphalt, 100 m Pflaster. Strecke mit wenigen, mittleren Steigungen und Gefällen. Rundkurs.

SPECIALS:
Mancher Blickfang am Weg. Biergärten.

TIP:
Eine Parktour in der City, zwischen Hügeln, Seen, Bächen und Bäumen. Leider ist das Baden nicht gestattet. Ruhepausen im Biergarten. Achtung: Es sind viele Fußgänger und Radler unterwegs.

BESCHREIBUNG:
Vom Parkplatz an der Westendstraße rollt Ihr direkt in den Westpark. Der Weg teilt sich nach den ersten 100 m. Ihr nehmt die linke Strecke und erreicht, etwa 200 m weiter, die „Ostasienabteilung". Am Weg liegen ein Thaitempel, eine Pagode und ein japanischer Garten. Leider gibt es hier ein 100 m langes Pflasterstück. Haltet Euch am besten rechts. Nächstes Etappenziel: Eine bayerische Alm, die Ihr etwa bei km 0,5 passiert. Haltet Euch hinter der Alm links. Es geht ein Stück bergauf. Eine Brücke führt Euch über den „Mittleren Ring". Anschließend das entsprechende Gefälle. Haltet Euch links. Nach 1,5 km kommt das See-Café in Sicht, ein Biergarten direkt am Wasser. Wenige hundert Meter dahinter geht der Weg über eine Brücke. Ihr überquert einen künstlich angelegten Bach und orientiert Euch im Anschluß nach rechts. Zurück skatet Ihr an einem künstlich angelegten Sumpf vorbei, den man - bei Interesse - auch auf Holzbohlen durchqueren kann. Der Versuch führt Euch allerdings auch über eine etwa 100 m lange unbefestigte Passage.
Kurz nach dem zweiten Streckenkilometer erreicht Ihr die „Schwimmende Kugel". Geradeaus geht Euer Weg dann über die Brücke am „Mittleren Ring" in den Westteil des Parks. Bei km 3 findet Ihr einen Abzweig nach links Richtung U-Bahn (über die Reulandstraße). Unsere Tour führt aber weiter geradeaus Richtung Rosengarten. Nach 300 m an der Kreuzung rechts halten.
Oberhalb des Rosengartens liegt ein weiterer schöner und großer Biergarten: Um hinzukommen skatet Ihr nach der Steigung links.
Der Hauptweg führt am Rosengarten nach rechts und dann geradeaus zum Startpunkt zurück.

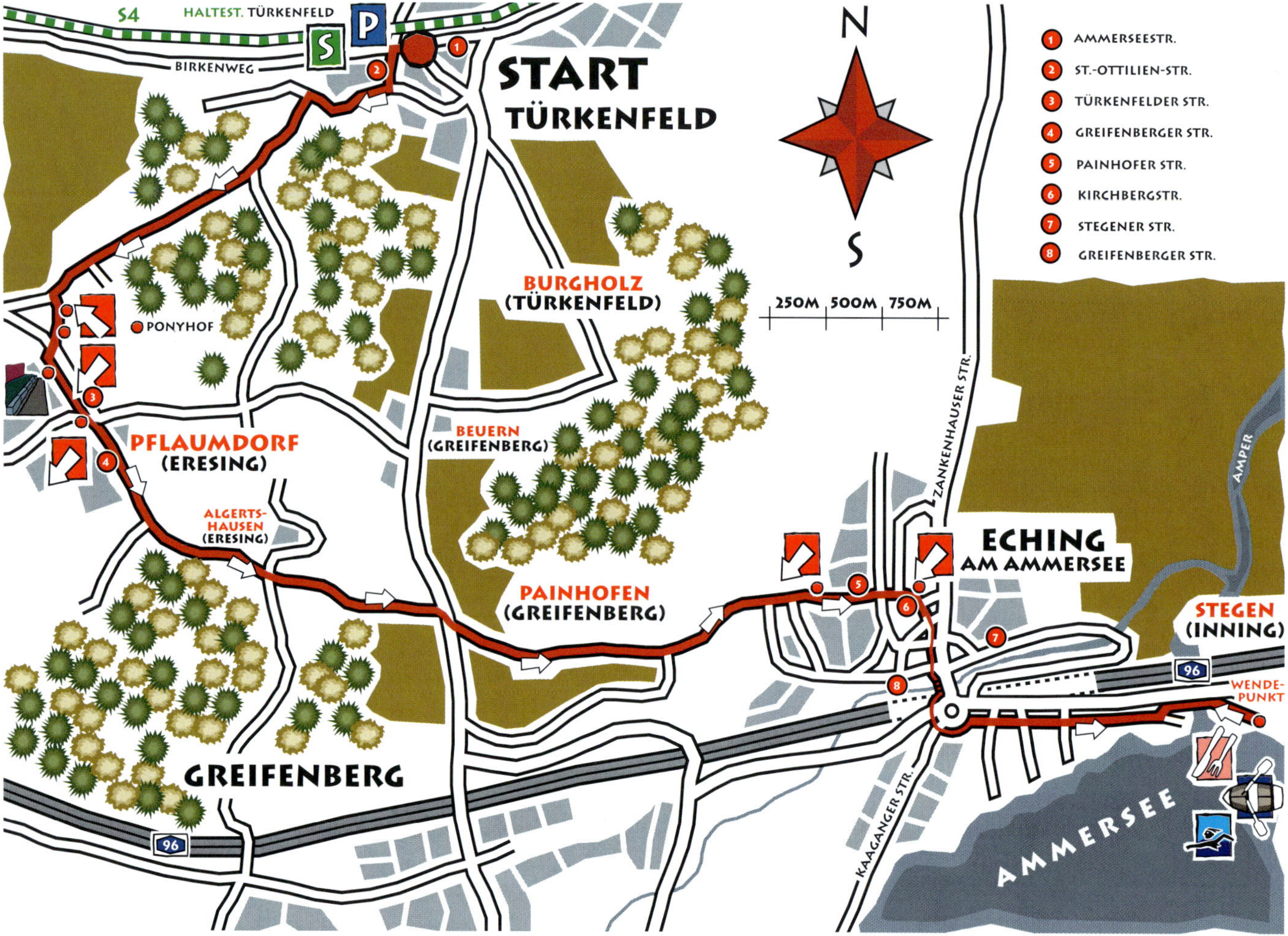
S4
HALTEST. TÜRKENFELD
BIRKENWEG
START
TÜRKENFELD
N
S
1 AMMERSEESTR.
2 ST.-OTTILIEN-STR.
3 TÜRKENFELDER STR.
4 GREIFENBERGER STR.
5 PAINHOFER STR.
6 KIRCHBERGSTR.
7 STEGENER STR.
8 GREIFENBERGER STR.
250M 500M 750M
BURGHOLZ
(TÜRKENFELD)
PONYHOF
PFLAUMDORF
(ERESING)
BEUERN
(GREIFENBERG)
ALGERTS-
HAUSEN
(ERESING)
PAINHOFEN
(GREIFENBERG)
ZANKENHAUSER STR.
ECHING
AM AMMERSEE
AMPER
STEGEN
(INNING)
96
WENDE-
PUNKT
GREIFENBERG
KAAGANGER STR.
AMMERSEE

TOUR NR. 9

VON TÜRKENFELD NACH STEGEN AM AMMERSEE

20,5 KM / FÜR FORTGESCHRITTENE

LAGE:
Westlich von München, nordwestlich des Ammersees.

STARTPUNKT:
Ammerseestraße Ecke St.-Ottilien-Straße.

ANFAHRT:
Pkw: BAB 96 München/Lindau, Ausfahrt Greifenberg. Weiter Richtung Türkenfeld. In der Ortschaft die Geleise überqueren, danach links in die Aresinger Straße. Hier gibt es einen P+R Platz.
ÖPNV: S 4 (Richtung Geltendorf) bis Haltepunkt Türkenfeld. Durch die Unterführung zum Startpunkt.

STRECKENCHARAKTER:
100% Asphalt, davon ein Viertel rauh. Strecke mit seltenen, starken Steigungen bzw. Gefällen. Hin- und Retour-Strecke auf wenig befahrenen Straßen und Landwirtschaftswegen.

SPECIALS:
Bootsverleih und Bademöglichkeit am Ammersee, Gastronomie am Wendepunkt.

TIP:
Anstrengend - aber der Ammersee lockt!

BESCHREIBUNG:
Vom Startpunkt aus den Schildern „St. Ottilien“ nach. Ihr skatet nun auf der St.-Ottilien-Straße bis Ihr nach ca. 300 m, hinter einem Wohngebiet, eine Gabelung erreicht. Rollt hier auf etwas rauherem Asphalt nach rechts und hinaus aus der Ortschaft. Es folgt eine S-Kurve, etwas später erreicht Ihr ein Waldstück. Den Abzweig zum Ponyhof ignorieren und geradeaus halten. Hinter km 1,5 endet der Wald, die Strecke führt nun durch Felder. Etwa 700 m hinter dem Waldstück trefft Ihr auf eine Weggabelung: Skatet nach links Richtung Ponyhof. Es folgt eine Steigung und gleich darauf geht es etwa 100 m bergab. Ihr kommt an eine T-Kreuzung und biegt nach links ab. Ihr rollt nach Pflaumdorf hinein und - auf dem Fußweg rechts an der Türkenfelder-Straße - durch die Ortschaft.
Kurz vor km 3 gibt es zunächst ein Gefälle, dann endet der Fußweg und Ihr müßt auf der Straße weiter skaten. Bleibt hinterm Ortsausgang auf der Straße Richtung Greifenberg und genießt den tollen Ausblick über weite Felder. Ihr rollt an einem Landwirtschaftsweg vorbei, der nach rechts abzweigt. Kurz vor km 4,5 laßt Ihr das Gut Algertshausen links liegen.
Wenn eine größere Straße Euren Weg kreuzt, heißt es zunächst auf die andere Straßenseite wechseln, dort habt Ihr dann Anschluß an einen Forstwirtschaftsweg, der in den Wald führt. Ihr folgt hier der „Königlich Bayerischen Radl-Tour“ dem „R9“. Am Abzweig hinter km 6 haltet Euch geradeaus, 300 m weiter weist ein Schild nach rechts zum Einkauf auf dem Bauernhof. Die Hauptroute führt geradeaus. Und zwar ein ganzes Stück. Kurz vor km 7,5 erreicht Ihr die Ortschaft Eching, ein Gefälle zeigt Euch, daß Ihr auf dem richtigen Weg seid. Vorsicht: Am Ende wartet eine Kreuzung. Bremsbereitschaft!
Bleibt auf der Kirchbergstraße. Es folgt ein weiteres Gefälle. An der folgenden Kreuzung geradeaus weiter; Ihr könnt den Fußweg auf der linken Seite nehmen. 100 m weiter, an der T-Kreuzung zunächst links und nach 50 m wieder rechts (R9). Der Fußweg auf der rechten Seite der Straße bringt Euch nach etwa 200 m an eine Kreuzung: Skatet geradeaus weiter, über eine Brücke mit Holzbelag und hinaus aus Eching. Dem Radweg folgend geht es durch einen Kreisverkehr und auf sehr gutem Asphalt parallel zur Bundesstraße weiter in Richtung Inning/Stegen.
Kurz vor km 10,5 gabelt sich der Radweg; Ihr folgt der linken Spur, skatet leicht bergauf und dann über eine Brücke. Auf der anderen Seite des Flüßchens Ampor gibt es ein leichtes Gefälle. Ihr rollt nun nach Stegen am Ammersee hinein. Bitte langsam, denn der Belag des Radweges wird hier ziemlich ruppig. Ein Ausblick auf den See - durchatmen (vielleicht ein Bad...) - und umkehren: Der Wendepunkt ist erreicht. Retour auf identischer Strecke.

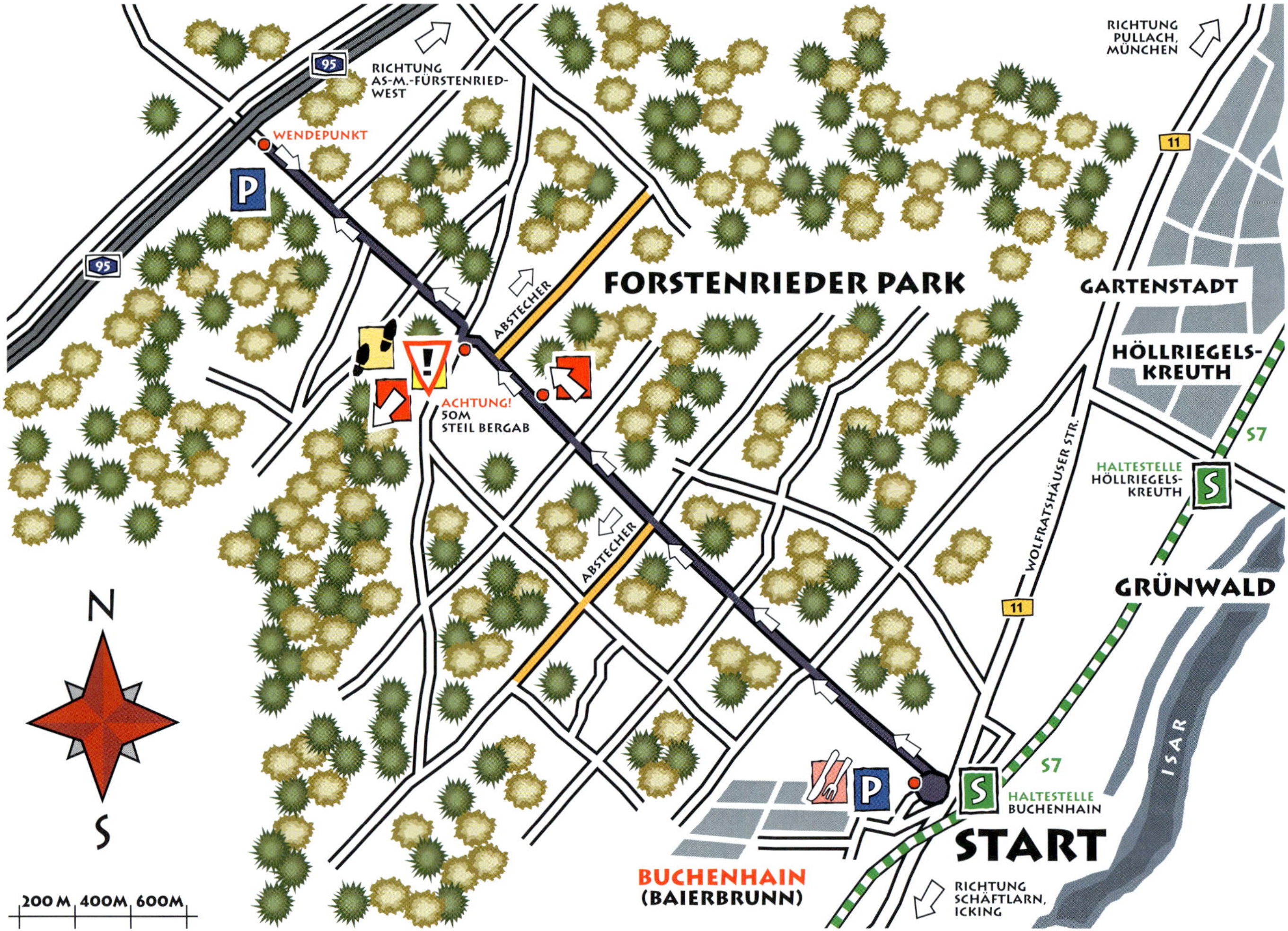

RICHTUNG
AS-M.-FÜRSTENRIED-
WEST
95
WENDEPUNKT
P
FORSTENRIEDER PARK
ABSTECHER
ACHTUNG!
50M
STEIL BERGAB
RICHTUNG
PULLACH,
MÜNCHEN
11
GARTENSTADT
HÖLLRIEGELS-
KREUTH
S7
HALTESTELLE
HÖLLRIEGELS-
KREUTH
S
WOLFRATSHÄUSER STR.
GRÜNWALD
ISAR
N
S
200 M
400M
600M
HALTESTELLE
BUCHENHAIN
START
BUCHENHAIN
(BAIERBRUNN)
RICHTUNG
SCHÄFTLARN,
ICKING

TOUR NR. 10

BUCHENHAIN - FORSTENRIEDER PARK

7 KM / EINSTEIGER-GEEIGNET

LAGE:

Südlich von München, zwischen Isartal und der BAB 95.

STARTPUNKT:

Parkplatz am Eingang Forstenrieder Park.

ANFAHRT:

Pkw: Auf der Wolfratshausener Straße (B 11) stadtauswärts. Pullach und Grünwald links liegen lassen und kurz vor Buchenhain rechts den Parkplatz am Eingang zum Forstenrieder Park ansteuern.
ÖPNV: Mit der S7 Richtung Wolfratshausen bis zur Haltestelle Buchenhain. Die Hauptstraße auf der Brücke überqueren, dann rechts halten. Nur 200 m, dann geht es nach links in den Park.

STRECKENCHARAKTER:

99% Asphalt. Hin- und Retour-Strecke mit mehreren, leichten Steigungen. Ein Berg mit Rollsplitt: Abschnallen!

SPECIALS:

Waldgaststätte mit Biergarten in der Nähe des Start- und Zielpunktes. Im Park müßt Ihr u.a. mit Wildschweinen rechnen - die sind in der Regel friedlich, solang Ihr den Frischlingen nicht zu nahe kommt.

TIP:

Insbesondere auf dem ersten Teilstück ideal für Anfänger aber auch gut geeignet für Fitness- und Speedskater. Im Sommer sind viele Fahrradfahrer und Fußgänger unterwegs, aber die Piste ist breit und bietet Platz für alle. Zu den besten Skatezeiten (morgens und abends) könnt Ihr mit ein bißchen Glück viele Tiere beobachten.

BESCHREIBUNG:

Vom Parkplatz aus geht es direkt in den Park, schnurgerade Richtung Nordwesten. Ihr skatet über eine breite, hervorragend asphaltierte Straße.
Nach etwa 1,5 km zweigt nach links ein Weg ab, der sich für einen Abstecher eignet: Zunächst geht er leicht bergauf, nach knapp einem Kilometer heißt es wenden und abwärts rollen.
Die Hauptstrecke führt geradeaus am Abzweig vorbei. Die Straße wird allerdings etwas schmaler. Es geht mit leichter Steigung weiter bis Ihr nach etwa einem Kilometer zu einer Weggabelung kommt. Nach rechts führt eine weitere asphaltierte Straße in den Forst, die Ihr bei Bedarf antesten könnt (ohne Garantie).
Die Hauptstrecke folgt an der Gabelung dem Weg nach links. Aber Vorsicht: Wir empfehlen an dieser Stelle abzuschnallen! Begründung: Es geht gleich 50 m weit steil bergab, noch dazu über Rollsplitt. Wenn Ihr wieder auf den Rollen steht, könnt Ihr über leichte Steigungen und Gefälle 1 km geradeaus bis zum anderen Ende des Parks rollen. Kurz vor der Autobahn setzt Ihr dann zur Wende an.
Übrigens gibt es auch am Wendepunkt einen Parkplatz (Anfahrt von München-Forstenried über die Olympiastraße).
Für den Rückweg benutzt Ihr die gleiche Piste in umgekehrter Richtung. Zum Ende der Tour könnt Ihr im Biergarten einkehren.

N
S
HARLACHING
ISAR
START
PERLACHER FORST
GEISELGASTEIGSTR.
SEYBOTHSTR.
NAUPLIASTR.
OBERBIBERGER STR.
BAVARIA FILMSTADT
GRÜNWALDER FORST
SÜDL. MÜNCHNER STR.
FURTH (OBERHACHING)
1 SÄBENER PLATZ
2 AM PERLACHER FORST
3 LINIENSTR.
4 GABRIEL-V.-SEIDL-STR.
5 GRAF-SEYSSEL-STR.
6 NÖRDL. MÜNCHNER STR.
7 HOCHLEITE
8 ÜBER DER KLAUSE
9 ISENSCHMIDSTR.
10 GRÜNWALDER STR.
11 THEODOLINDENSTR.
12 ST.-MAGNUS-STR.
13 TEGELBERGSTR.
300M 600M 900M

TOUR NR. 11

PERLACHER FORST UND GRÜNWALDER FORST

17 KM / EINGESCHRÄNKT EINSTEIGER-GEEIGNET

LAGE:

Östlich von Grünwald, im Süden von München.

STARTPUNKT:

„Am Perlacher Forst" Ecke Säbener Platz.

ANFAHRT:

Auf den „Mittleren Ring". Je nach Fahrtrichtung heißt die Abfahrt Grünwald oder Giesing/Zoo. Weiter auf der Grünwalder Straße Richtung Grünwald. Am Tiroler Platz biegt Ihr nach links in die St. Magnus Str. ein. Am Ende der Straße geradeaus über die Kreuzung und weiter auf der Tegelbergstraße bis zum Säbener Platz. Rechts gibt es Parkplätze „Am Perlacher Forst".

STRECKENCHARAKTER:

85% Asphalt, 13% Verbundsteinpflaster, 2% feiner Schotter und Kopfsteinpflaster. Strecke mit seltenen, leichten Steigungen und Gefällen. Rundkurs auf Bürgersteigen, Rad- und Landwirtschaftswegen (1/3).

SPECIALS:

Diverse Gastros und ein Kiosk, Abstecher zur Bavaria-Filmstadt bei km 12.

TIP:

In den Forst-Bereichen sind, vor allem an den Wochenenden, viele Radler, Fußgänger und Skater unterwegs.

BESCHREIBUNG:

Wenn Ihr auf der Straße „Am Perlacher Forst" zurück zum Säbener Platz fahrt, führt nach rechts ein Land- und Forstwirtschaftsweg in den Perlacher Forst. Etwa 2 km rollt Ihr auf dieser Piste, dann überquert Ihr zum ersten Mal eine Wegkreuzung von asphaltierten Wegen. Skatet geradeaus weiter. Hinter km 3,5 solltet Ihr vorsichtig und bremsbereit sein: Es geht über ein Gefälle abwärts, danach in eine Rechtskurve unter Bahngeleisen durch. Der Belag ist mäßig: zum Teil Split und 5 m Kopfsteinpflaster. Auch auf der folgenden Steigung ist der Belag alles andere als gut. Es geht an einer Gastro und einem Kiosk vorbei: Ihr fahrt 400 m weit auf feinem Schotter. Hinter der nächsten Linkskurve könnt Ihr aufatmen; Ihr habt nun wieder guten Asphalt unter den Rollen. Hinter der nächsten Gastro (Biergarten) und vor einer Brücke biegt Ihr nach rechts ab auf einen Fuß- und Radweg Richtung Grünwald. Der Weg führt parallel zu einer Hauptstraße bis Ihr bei km 8 einen Wanderparkplatz erreicht. Den Parkplatz halblinks überqueren, dann rechts und gleich wieder scharf rechts unter der Hauptstraße durch. Ihr trefft auf eine Straße (Achtung: Ein wenig Verkehr.) und folgt dieser nach links. Den nächsten Biergarten links liegen lassen, dann rollt Ihr geradeaus in eine Sackgasse. 100 m weiter nehmt Ihr den Landwirtschaftsweg, der nach links führt.
Bei km 10,5 umfahrt Ihr eine Absperrung, laßt einen Parkplatz links liegen und rollt nach Grünwald hinein. An der nächsten Kreuzung rechts ab und weiter auf dem Bürgersteig der Gabriel-von-Seidl-Straße. Ihr überquert die Graf-Seyssel-Straße und fahrt an der folgenden T-Kreuzung links (rechts ist die Bavaria-Filmstadt in Sicht). Über die Geleise und dem Straßenverlauf folgen. Bei km 12 an der Fußgängerampel über die Nördliche Münchner Straße und nach rechts skaten auf den Radweg ins Naherholungsgebiet Hochleite. Eine leichte Steigung bringt Euch auf eine überdachte Brücke über die Geleise. Abwärts über ein leichtes Gefälle und dann immer geradeaus: Am Weg liegen mehrere Abzweige nach rechts und zwei Gastropunkte.
Kurz vor km 15 endet der asphaltierte Radweg an der „Hochleite". Ihr fahrt scharf rechts, gleich noch einmal rechts, skatet ein paar Meter auf der Straße „Über der Klause" und dann nach links auf den gepflasterten Bürgersteig der Isenschmidstraße.
An der Ampelkreuzung bei km 15 überquert Ihr erst die Isenschmidstraße nach rechts, dann die Geiselgasteigstraße nach links: Ihr skatet dann weiter auf dem Bürgersteig der Theodolindenstraße. Die Seybothstraße kreuzt Euren Weg, dann trefft Ihr auf die Straße „Am Perlacher Forst": Folgt dieser nach links und nehmt den letzten Kilometer des Rundkurses in Angriff.

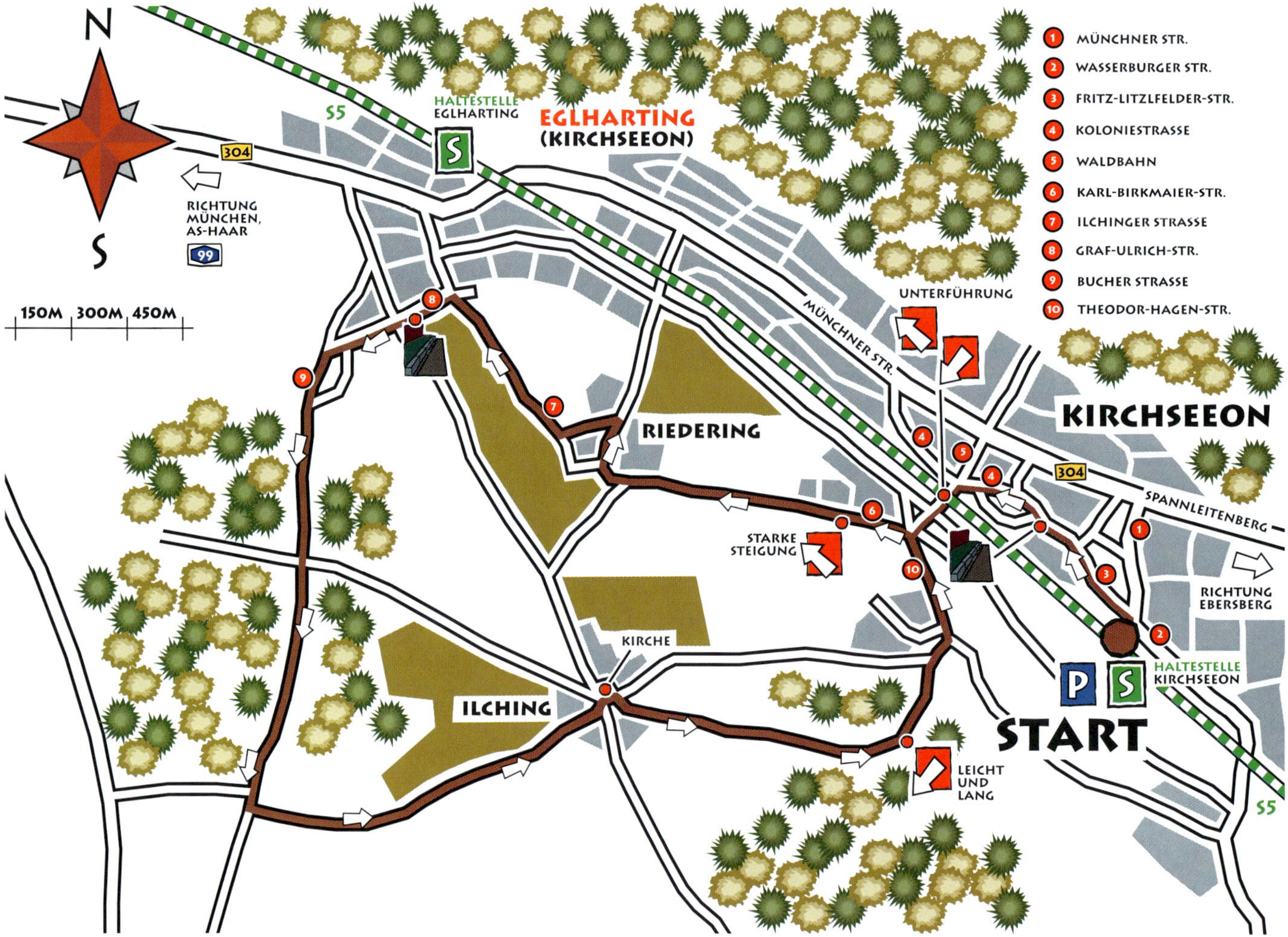

N
S
150M
300M
450M
304
RICHTUNG
MÜNCHEN,
AS-HAAR
99
S5
HALTESTELLE
EGLHARTING
EGLHARTING
(KIRCHSEEON)
1 MÜNCHNER STR.
2 WASSERBURGER STR.
3 FRITZ-LITZLFELDER-STR.
4 KOLONIESTRASSE
5 WALDBAHN
6 KARL-BIRKMAIER-STR.
7 ILCHINGER STRASSE
8 GRAF-ULRICH-STR.
9 BUCHER STRASSE
10 THEODOR-HAGEN-STR.
UNTERFÜHRUNG
MÜNCHNER STR.
KIRCHSEEON
RIEDERING
SPANNLEITENBERG
STARKE
STEIGUNG
RICHTUNG
EBERSBERG
KIRCHE
ILCHING
HALTESTELLE
KIRCHSEEON
START
LEICHT
UND
LANG
S5

TOUR NR. 12

KIRCHSEEON

7,5 KM / EINGESCHRÄNKT EINSTEIGER-GEEIGNET

LAGE:
Im Osten von München.

STARTPUNKT:
P+R Parkplatz an der S-Bahn-Haltestelle Kirchseeon.

ANFAHRT:
Pkw: BAB 99, Ausfahrt Haar. Weiter Richtung Ebersberg und Wasserburg. Auf der B 304 durch die Ortschaften Zorneding und Eglharting nach Kirchseeon hinein. Der Ausschilderung Ortsmitte folgen (Münchner Straße) bis zur S-Bahn-Haltestelle. Hier gibt es einen P+R Parkplatz.
ÖPNV: Mit der S 5 bis Kirchseeon.

STRECKENCHARAKTER:
95% Asphalt, 5% Verbundsteinpflaster. Rundkurs mit häufigen, starken Steigungen und Gefällen. Zu einem Viertel auf Bürgersteigen, zu drei Vierteln auf wenig befahrenen Straßen.

SPECIALS:
Fehlanzeige. Pausen-Snack und Getränke in den Rucksack!

TIP:
Zum Teil sehr anspruchsvolle Tour mit guter Streckenqualität. Skater sollten die Bremstechnik sicher beherrschen, sonst geht die Post schneller ab, als Euch lieb ist.

BESCHREIBUNG:
Vom Startpunkt aus orientiert Ihr Euch in Richtung Bankfiliale, dann gleich nach links in die Fritz-Litzlfelder-Straße. Auf der linken Seite gibt es einen asphaltierten Fußweg. Nach 600 m trefft Ihr auf eine Kreuzung und biegt nach links ab. Auf einem gepflasterten Fußweg geht es Richtung Ilching. Ein starkes, kurzes Gefälle, Ihr unterquert die Bahngeleise und müßt eine stärkere, kurze Steigung wieder hinauf. Geradeaus die Straße überqueren und weiter auf der Karl-Birkmaier-Straße (Anliegerstraße) Richtung Riedering.
Bei km 1 wartet die nächste ziemlich starke Steigung. Am Ortsausgang Kirchseeon geht es auf einer gut asphaltierten Straße mit wenig Verkehr weiter. Hinter km 1,5 erreicht Ihr den Ortseingang Riedering. 100 m weiter skatet Ihr rechts ab Richtung Eglharting und nehmt dann den nächsten Abzweig nach links. Am Ortsausgang rollt Ihr durch eine Rechtskurve, 400 m weiter ist die Ortschaft Eglharting erreicht.
Am ersten Abzweig (km 2,5) fahrt Ihr links in die Graf-Ulrich-Straße (Fußweg linke Seite), die Euch durch ein Wohngebiet führt. In einer markanten Rechtskurve verlaßt Ihr (km 2,8) die Straße nach links, stadtauswärts. Vom Ortsausgang weiter Richtung Buch.
Kurz hinter km 4, direkt hinter einem Waldstück, skatet Ihr nach links auf die asphaltierte Straße Richtung Ilching. Der Asphalt ist streckenweise nicht besonders gut. Kurz hinter km 5 erreicht Ihr Ilching, rollt durch eine Linkskurve und fahrt vor einer kleinen Kirche rechts ab Richtung Kirchseeon. Nach 100 m an der Weggabelung rechts. Ihr verlaßt Ilching. Kurz hinter km 6 beginnt ein längeres, leichtes Gefälle das Euch in die Ortschaft Kirchseeon bringt. Am Ende des Gefälles trefft Ihr auf eine T-Kreuzung, an der Ihr nach rechts skatet. Rund 800 m geradeaus auf bereits bekannter Strecke, dann steht Ihr wieder am Startpunkt.

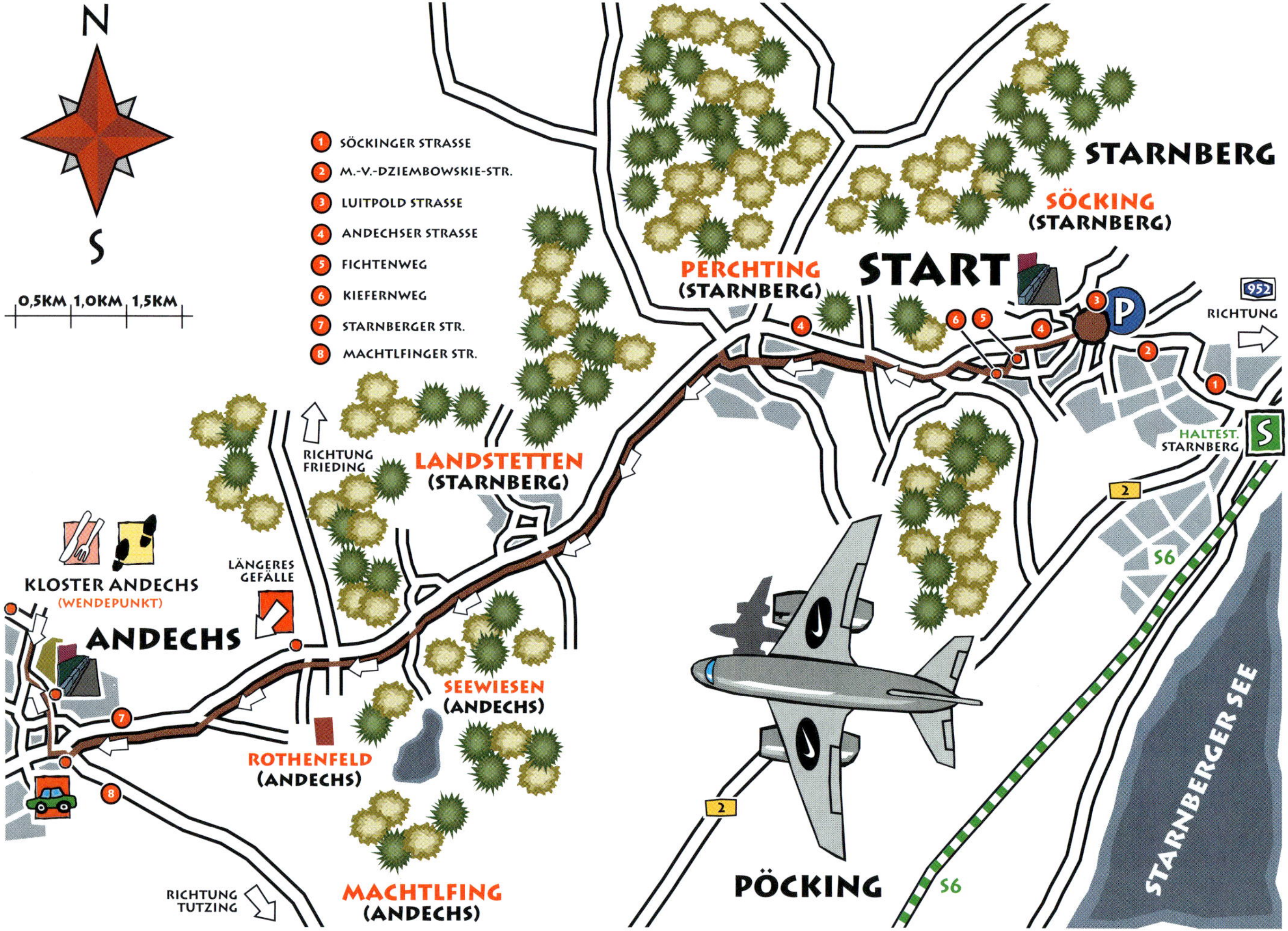
N
S
0,5KM 1,0KM 1,5KM
1 SÖCKINGER STRASSE
2 M.-V.-DZIEMBOWSKIE-STR.
3 LUITPOLD STRASSE
4 ANDECHSER STRASSE
5 FICHTENWEG
6 KIEFERNWEG
7 STARNBERGER STR.
8 MACHTLFINGER STR.
STARNBERG
SÖCKING
(STARNBERG)
START
PERCHTING
(STARNBERG)
952
RICHTUNG
HALTEST.
STARNBERG
S
RICHTUNG
FRIEDING
LANDSTETTEN
(STARNBERG)
2
S6
KLOSTER ANDECHS
(WENDEPUNKT)
LÄNGERES
GEFÄLLE
ANDECHS
SEEWIESEN
(ANDECHS)
ROTHENFELD
(ANDECHS)
2
STARNBERGER SEE
RICHTUNG
TUTZING
MACHTLFING
(ANDECHS)
PÖCKING
S6

TOUR NR. 13
VON SÖCKING NACH ANDECHS
25 KM / EINGESCHRÄNKT EINSTEIGER-GEEIGNET

LAGE:
Südwestlich von München, zwischen Starnberger See und Ammersee.

STARTPUNKT:
Starnberg-Söcking, Kreuzung Andechser Straße/Luitpoldstraße.

ANFAHRT:
Pkw: BAB 95/BAB 952 nach Starnberg. Weiter auf der B2, Münchner Straße (später Hauptstraße), Richtung Weilheim. Am Ende der Hauptstraße den Abzweig nach Söcking nehmen (rechts). In Söcking-Ortsmitte (Kirche/Post/Supermarkt) parken. ÖPNV: Mit der S 6 bis Haltepunkt Starnberg. Weiter mit dem Bus (951/360/962) bis zur Kirche/Post in Söcking.

STRECKENCHARAKTER:
90% Asphalt, 10% Platten/Pflaster. Hin- und Retour-Strecke mit seltenen aber stärkeren Steigungen/Gefällen.

SPECIALS:
Gastropunkte in den Ortschaften,Biergarten am Kloster Andechs.

TIP:
Ihr skatet durch Wälder und Wiesen. Die Strecke ist auch bei Radlern beliebt. Vom Andechser Berg habt Ihr einen tollen Ausblick u.a. auf den Ammersee.

BESCHREIBUNG:
An der Ecke Andechser Straße/Luitpold Straße orientiert Ihr Euch nach Westen. Es geht an der Andechser Straße (später Starnberger Str.) entlang. Ihr müßt zunächst die Bürgersteige nutzen, dann einen kombinierten Rad- und Fußweg. Nach etwa 700 m, am Fichtenweg, biegt der Radweg nach links ab. Ihr folgt ihm und erreicht über den Kiefernweg nach etwa 300 m den Ortsausgang. Ihr trefft erneut auf die Andechser Straße. Haltet Euch links und folgt dem Radweg nach Westen; das nächste Ziel heißt Perchting. Kurz hinter km 1,5 kreuzt die Straße nach Pöcking Euren Weg. Zwei Kilometer weiter erreicht Ihr die Ortschaft Perchting. Folgt nun den Hinweisschildern, die Euch zeigen, wo der Radweg langgeht. Nach etwa 400 m (km 3,5) habt Ihr die Ortschaft bereits wieder hinter Euch.
Haltet Euch im Folgenden stets Richtung Landstetten. Hinter km 6 trefft Ihr auf das Ortseingangsschild. 100 m weiter müßt Ihr etwa 70 m weit über Kleinpflaster fahren. Und nach weiteren 200 m verlaßt Ihr Landstetten bereits wieder. Kurz vor km 8 laßt Ihr den Abzweig nach Seewiesen links liegen. 800 m weiter zweigt nach rechts die Straße nach Frieding ab, 300 m dahinter laßt Ihr den Abzweig in Richtung Rothenfeld/Wertstoffhof links liegen - rollt stets weiter geradeaus.
Bei km 10,5 beginnt ein deutliches Gefälle. Es ist mit Vorsicht zu genießen, insgesamt aber ganz gut zu befahren. Bei km 11,5 trefft Ihr auf eine stark befahrene Kreuzung. Vorsicht! Wer nicht zum Kloster Andechs will, sollte hier den Wendepunkt setzen.
Weiter Richtung Kloster: An der Kreuzung geht es links nach Tutzing, Ihr aber rollt nach rechts (Starnberger Straße). Etwa 400 m weiter (Bürgersteige nutzen) zweigt unser Weg nach rechts von der Hauptstraße ab: Ihr skatet in die Andechser Straße und folgt dann den Schildern in Richtung Kloster Andechs. Noch etwa 700 m trennen Euch vom Wendepunkt unterhalb des Klosters.
Eine steile Steigung führt zum Kloster und zum Biergarten hinauf. Abschnallen! Das gilt vor allem, wenn Ihr Euch auf den Rückweg macht, das Gefälle vom Kloster abwärts ist auf Rollen mörderisch!

1 AN DER BAHN
2 EGMATINGER STR.
3 HÖHENKIRCHENER STR.
4 DÜRRNHAARER STR.
5 EHAMOSTRASSE
6 KIRCHBERG
7 BUCHGRABEN
HÖHENKIRCHENER FORST
S1
DÜRRNHAAR
(AYING)
HALTEST. DÜRRN-HAAR
START
WENDEPUNKT
EGMATING
RICHTUNG FAISTENHAAR
AYINGER STR.
AYING
N
S
250M 500M 750M

TOUR NR. 14

VON DÜRRNHAAR NACH EGMATING

9 KM / EINGESCHRÄNKT EINSTEIGER-GEEIGNET

LAGE:

Im Südosten von München, nordöstlich des Hofoldinger Forstes.

STARTPUNKT:

Parkplatz an der S-Bahnstation Dürrnhaar.

ANFAHRT:

Pkw: BAB 8, Ausfahrt Hofoldinger Forst. Weiter Richtung Aying/Hofolding später Faistenhaar. Hinterm Ortseingang Faistenhaar an der 1. Kreuzung links (Richtung München), dann an der nächsten Möglichkeit rechts ab (Richtung Dürrnhaar). An der T-Kreuzung hinterm Ortseingang Dürrnhaar links (Richtung München), am nächsten Abzweig rechts (Maria Altenburg) auf die Egmatinger Straße. Vorm Bahnübergang links parken.
ÖPNV: Mit der S 1 (Richtung Kreuzstraße) bis Haltepunkt Dürrnhaar.

STRECKENCHARAKTER:

100% Asphalt. Ebene Hin- und Retour-Strecke über leicht welliges Gelände. Ihr rollt auf wenig befahrenen Straßen.

SPECIALS:

Verpflegung mitnehmen. Abstecher (ohne Skates) zum Golfplatz in Egmating.

TIP:

Die Tour führt Euch zwar über öffentliche Straßen, aber die sind wirklich nur wenig befahren. Dennoch: Augen auf! Freizeitskater finden hier guten Asphalt und haben weitgehend freie Fahrt.

BESCHREIBUNG:

Vom Parkplatz aus rollt Ihr nach links auf die asphaltierte Straße „An der Bahn“. 50 m an den Geleisen entlang, dann fahrt Ihr an der Gabelung nach links auf die Egmatinger Straße. Ihr überquert die Schienen und folgt dem Verlauf der Straße weiter geradeaus. Ihr laßt alsbald die Ortschaft hinter Euch und fahrt in ein Waldstück hinein, das Euch bis hinter km 2,5 begleiten wird.
Wenn sich die Bäume lichten, skatet Ihr durch Felder weiter. Die ersten Häuser von Egmating kommen schon bald in Sicht. Ihr erreicht die Ortschaft hinter km 4. Kurz vor km 4,5 trifft unsere Strecke auf die Ehamostraße. Hier setzen wir den Wendepunkt, denn im Ort selbst machen ordentliche Steigungen Skatern das Leben nicht gerade leicht. Es geht also auf bekannter Strecke retour zum Ausgangspunkt.

RICHTUNG DIESSEN
96
RAISTING
START
P
ERDFUNKSTELLE
RICHTUNG PÄHL
AMMER
WIELENBACH
1 BAHNHOFSTRASSE
2 AM LAUBBERG
3 PÄHLER STRASSE
4 WIELENBACHER STR.
5 HOFSTÄTTER WEG
2
TANKENRAINER STR.
WEILHEIM
WAITZACKER
(WEILHEIM)
STEIGUNG AUF 400M
N
S
ODERDING
(POLLING)
400M 800M 1200M

TOUR NR. 15

VON RAISTING NACH WEILHEIM

26,5 KM / EINGESCHRÄNKT EINSTEIGER-GEEIGNET

LAGE:
Südwestlich von München, südlich des Ammersees.

STARTPUNKT:
Parkplatz am Erholungsgebiet„Landschaftsweiher".

ANFAHRT:
BAB 96 München/Lindau bis Ausfahrt Greifenberg/Dießen am Ammersee. Weiter Richtung Schondorf/Dießen. In Dießen zunächst der Ausschilderung Weilheim folgen, hinterm Ortsausgang aber rechts ab Richtung Raisting. In Raisting zunächst an einer Weggabelung Richtung Pähl, kurz darauf rechts ab (Sportanlagen). Es geht einen Hügel hinauf, dann am Wegekreuz rechts zum Parkplatz am Erholungsgebiet „Landschaftsweiher".

STRECKENCHARAKTER:
100% Asphalt, davon 3% rauh. Strecke mit seltenen, leichten Steigungen und Gefällen. Hin- und Retour-Strecke mit Rundkurs auf halbem Weg überwiegend auf Forst- und Landwirtschaftswegen.

SPECIALS:
Baden im Weiher am Startpunkt.

TIP:
Bei guter Fernsicht beeindruckendes Alpenpanorama. Eine qualitativ erstklassige Strecke durch eine reizvolle Landschaft Vom Parkplatz aus sieht man riesige Parabolantennen: Skater, die das übersetzen in der Kurve üben wollen, drehen ihre Kreise um die futuristischen Objekte.

BESCHREIBUNG:
Vom Parkplatz aus rollt Ihr zurück zur Wegekreuzung, über die Ihr gekommen seid. Dort biegt die Strecke nach rechts auf den asphaltierten Land- und Forstwirtschaftsweg. Ihr skatet am Sportzentrum vorbei und parallel zu den Geleisen, die linker Hand liegen. Hinter km 1 überquert Ihr einen schmalen Bach. Ein Stück hinter km 2,5 skatet Ihr über eine kleine Brücke. Es folgt nach etwa 400 m eine Rechtskurve und nach weiteren 700 m erreicht Ihr einen Abzweig: Fahrt hier nach links, auf eine wenig befahrene Straße. Hinter der Brücke über die Ammer folgt Ihr dem Straßenverlauf nach rechts. 200 m noch, dann könnt Ihr erneut nach rechts in einen Landwirtschaftsweg einbiegen.
Kurz vor km 6 führt die Route zwischen Häusern durch und anschließend ein kleines Stück parallel zu den Geleisen. Nach einer Rechts-links-Kombination fahrt Ihr am nächsten Abzweig nach rechts über eine Brücke. Ihr seid jetzt kurzfristig wieder auf einer wenig befahrenen öffentlichen Straße.
Bei km 6,5 überquert Ihr eine größere Brücke und landet am anderen Ammerufer erneut auf einem Forstwirtschaftsweg.
Bis zum nächsten Abzweig sind es rund 800 m: Fahrt dort nach links. Kurz vor km 8,5 geht es geradeaus über eine kleinere Kreuzung. Kurz darauf skatet Ihr nach Weilheim hinein. Bei km 9 erreicht Ihr (Vorsicht) eine mäßig befahrene Hauptstraße: Vom Forstwirtschaftsweg aus rollt Ihr zunächst etwa 50 m nach links, überquert dann die Fahrbahn und folgt auf der anderen Straßenseite der Tankenrainer Straße nach rechts. 300 m sind es dann bis zum nächsten Abzweig: Skatet nach links in den Forstwirtschaftsweg.
Geradeaus bis zur Kreuzung vorm Bahndamm (Stelle für Rückweg merken) und hier nach rechts parallel zum Damm. Ihr erreicht eine langgezogene (400 m) Steigung, an der folgenden Kreuzung links abbiegen. Rollt an einer alten Kapelle vorbei und laßt die Häuser von Grasla rechts liegen. Ihr skatet über ein leichtes Gefälle. An der Kreuzung bei km 13 müßt Ihr nach links und über die Bahngeleise. Es folgt noch ein Gefälle. Skatet geradeaus über die folgende Kreuzung und in den Ort Oderding. An der nächsten Kreuzung scharf nach links. Der Landwirtschaftsweg bringt Euch aus dem Ort hinaus. Hinter km 15,5 rollt Ihr unter Bahngeleisen durch. Die folgende Kreuzung - jetzt hinterm Bahndamm gelegen - sollte Euch bekannt vorkommen. Ihr seid auf dem ersten Teil der Strecke schon einmal hier vorbei gekommen. Geradeaus geht es nun etwa 11 km weit auf bekanntem Weg zurück zum Start.

ADRESSEN

DIV-LISTEN HALLEN INLINE-SKATING: PLZ-BEREICH BIS 2

U.S. Play im Elbe Park
Lommatzscher Str. 98
01139 Dresden
Tel. 0351/8511666

XXL-Factory
Breitschneider Str. 40
01237 Dresden
Tel. 0351/254580

Radi Cal LE „Peng"
Spinnereistraße
04179 Leipzig
Tel. 0341/498032

Prime Sport-Freizeitanlagen
Schichauweg 48
12307 Berlin
Tel. 030/7215070

Rollerhouse
Miraustraße 62-80
13509 Berlin
Tel. 030/82703087

ALDA Skater Sport Palast
Koppelweg 3
18109 Lütten Klein/Rostock
Tel. 0381/711561

Ringalu
Objektstraße 50
18609 Porora/Insel Rügen
Tel. 03839/3793130

i-Punkt-Skateland e. V.
Amsinckstraße 70
20097 Hamburg
Tel. 040/234458

Line Inn
Kronsforder Allee 130
23560 Lübeck
Tel. 0451/7027625

Island Skate Hall
bei Disco „Resi"
23769 Burg a. Fehmarn
Tel. 04371/5672

Sportpark Südstrand
Burgtiefe
23769 Burg a. Fehmarn
Tel. 04371/9100

Fun & Sport Center
Ferienpark Damp
24349 Damp
Tel. 04352/8001

Sportgarten
Schildstraße 12-19
28203 Bremen
Tel. 0421/75808

Skater-Drom
Dasselsbrucher Str. 50
29227 Celle
Tel. 05141/981843

DIV-LISTEN HALLEN INLINE-SKATING: PLZ-BEREICH 3

Halle 25
Messegelände
30521 Hannover
Tel. 0511/3076767

Skate World
An der Feldmark 11
31515 Wunstorf
Tel. 0511/3076730

Tempodrom
Ernst-Hilker-Straße
32758 Detmold
Tel. 05231/33663

Skatekeller
Breite Str. 8
32791 Lage/Lippe
Tel. 05232/2089

Freudenhouse
Steinriedendamm 15
38108 Braunschweig
Tel. 0531/350150

Skate World
Saarbrückener Str. 264
38116 Braunschweig
Tel. 0531/576776

Walhalla
Salzdahlumer Str. 75
38302 Wolfenbüttel
Tel. 05331/77730

Skate Factory
K.-Schmidt-Str. 26-29
39104 Magdeburg-Buckau
Tel. 0391/4042276

DIV-LISTEN HALLEN INLINE-SKATING: PLZ-BEREICH 4

Skate Academy
Koppersstraße 4
40549 Düsseldorf
Tel. 0211/56349610

Alma Inline Actions Park
Hansaallee 189
40549 Düsseldorf
Tel. 0211/5213333

Fun Fabric
Hitdorfer STraße 10 c
40736 Langenfeld
Tel. 02173/91946

Skatehalle im Kikyo-Center
Stiegstraße/Christenfeld
41379 Brüggen/Bracht
Tel. 02157/87870

Wheelers Skate House
Industriestraße 45
41844 Wegberg/Mönchengladb.
Tel. 02434/928906

Pipeline
Auf der Bleiche 9
42289 Wuppertal
Tel. 0202/262880

Kattwinkel Fabrik
Kattwinkelstraße 3
42929 Wermelskirchen
Tel. 02196/72400

Skate Area
Frederikastraße 148
44789 Bochum
Tel. 0234/937531

Monza-Indoor-Cartbahn
Bessemer Straße 80
44793 Bochum
Tel. 0234/9650864

Skate Factory
Max-Keith-Straße 25
45136 Essen
Tel. 0201/571972

Engelbert-Skate-Halle
Engelbertstraße
45525 Hattingen
Tel. 02324/9160620

Freizeithalle Aa-See
Hochfeld 72 a
46395 Bocholt
Tel. 02871/181595

Skaters Paradies
Konrad-Adenauer-Ring 17
47167 Duisburg
Tel. 0203/288602

F.A.P.
Ketteler Straße 38
47574 Goch
Tel. 02823/18444

Skate- und Kulturzentrum
Dahlweg 126
48153 Münster
Tel. 0251/5200037

DIV-LISTEN HALLEN INLINE-SKATING: PLZ-BEREICH 5

Three Sixty Inline-Skatehall
Eupener Straße 57-59
50933 Köln
Tel. 0221/4911290

Pipeland
Lindener Straße 48
52146 Würselen
Tel. 0172/6236861

Skater Park 2000
Am Krähenhorst 1
53119 Bonn
Tel. 0228/662044

Skate-Club Sauerland e.V.
Jahnstraße 14
58511 Lüdenscheid
Tel.02351/380925

DIV-LISTEN HALLEN INLINE-SKATING: PLZ-BEREICH 6

K2-Skaterworld
Nordwest-Zentrum
60439 FRankfurt
Tel. 069/9414111

Skate & Roller
Am Festplatz 4
63674 Altenstadt-Lindenh.
Tel. 06047/68597

Kulturzentrum Schlachthof
Gartenfeldstraße 57
65189 Wiesbaden
Tel. 0611/731212

Colosseum Vertical
Elzer Straße 2-4
65556 Limburg
Tel. 06431/932710

Tempel-Skate-Hall
Messegelände Halle 6
66115 Saarbrücken
Tel. 0681/44773

Inline-Skaing-Center
Saarwellinger Straße 199
66740 Saarlouis
Tel 06831/988085

Skate-Park
Siemenstraße 18
67454 Haßloch
Tel. 06324/3666

ADRESSEN

Skate World
Wiesenstraße 6
69190 Walldorf
Tel. 0172/8505803

DIV-LISTEN HALLEN INLINE-SKATING: PLZ-BEREICH 7

Inline Dome
Friedrich-List-Str. 2/1
70736 Fellbach
Tel. 0711/583077

Skate-Halle
Vor dem Weißen Stein 29
72461 Albstadt
Tel. 07432/14109

Skate Halle Frommern
Balinger Str. 80
72336 Balingen
Tel. 07433/383670

Sportcenter Adelberg
Klosterpark 3-5
73099 Adelberg
Tel. 07166/404

Fun-Halle
Happelstr. 76
74076 Heilbronn
Tel. 07131/172616

Eventarena
Thomas-Mann-Str. 21
74360 Ilsfeld-Schozach
Tel. 07133/95000

Airport-Skate-Park
Flugplatz Lahr (Geb. B150)
77933 Lahr
Tel. 078121/51699

Skate-O-Drome
Julius-Bührer-Str. 24
78224 Singen
Tel. 07731/184555

Indy-Skate
Neckartal 202
78628 Rottweil
Tel. 0741/7002

DIV-LISTEN HALLEN INLINE-SKATING: PLZ-BEREICH 8

Olympiapark München
Spiridon-Louis-Ring
80809 München
Tel. 089/30672150

Rollpalast
Stockacher Str. 5
81243 München-Pasing
Tel. 089/8345555

Kunstpark Ost
Grafinger Straße 6
81671 München
Tel. 089/49001313

Fun Box
Schinderstraße 28
84030 Landshut
Tel. 0871/77707

Roll-o-Drom (Reese Kaserne)
Langemarckstraße 1a
86156 Augsburg
Tel. 0821/442122

Motodrom
Mittagstraße 14
87527 Sonthofen-Rieden
Tel. 08321/65111

Zep-Skate-Halle
Hohe Buchleuthe 5
87600 Kaufbeuren
Tel. 08341/5111

Skate-Factory
Spinnereistraße 1
88239 Wangen im Allgäu
Tel. 07522/912606

Skate MAXX
Rißstraße 33
89297 Biberach
Tel. 07351/828449

Fun Center
Berliner Straße 8
89250 Senden
Tel. 07307/939333

DIV-LISTEN HALLEN INLINE-SKATING: PLZ-BEREICH 9

Populär
Breite Gasse 65
90402 Nürnberg
Tel. 0911/2055599

Night Train
Kohlenhofstr. 1 a
90443 Nürnberg
Tel. 0911/2001555

Skate-World
Rosengasse 34
91757 Treuchtlingen
Tel. 09142/3635

Inline-Skate-Park
Dechbettener Str. 63
93049 Regensburg
Tel. 0941/24348

Ass-Hall
Schleizer Str. 109
95028 Hof/Saale
Tel. 09281/3351

Pan Sport
Max-Planck-Str. 6
97204 Höchberg
Tel. 0931/48950

DIV-INLINE-SKATE-SCHULEN IN DEUTSCHLAND

(Nur beim inline-Skate-Verband gemeldete Schulen)

AIR-Team Berlin
Berlin
Tel. 030/82703087

Sport-Spatz
Kiel
Tel. 0431/13106

Bechtold & Rinn
Gießen
Tel. 0641/9709732

Skate and Parts
Düsseldorf
Tel. 0211/340399

Skate Academy
Düsseldorf
Tel. 0211/4493110

Spectrum I.-S.-S.
Herne
Tel. 02323/22647

Skate-Area
Bochum
Tel. 0234/9375231

Inline-Skate Schule
Essen
Tel. 0201/705042

1. I.-S.-S. Saarland
Homburg
Tel. 06841/15636

Skate for Fun
Mannheim
Tel. 0621/859155

Inline-Skating Schule
Hockenheim
Tel. 06205/5519

Inline School
Weinheim
Tel. 06201/185637

Horstle's & Reiner's Schule
Neidlingen
Tel. 07023/8910

Show & Info-Team Seeliger
Heilbronn
Tel. 07131/172616

Carpe Diem
Pforzheim
Tel. 07231/359261

1. Münchner I.-S.-S.
München
Tel. 089/2800641

Augsburg's 1. I.-S.-S.
Augsburg
Tel. 0821/883622

Board'n Skate GbR
Kempten
Tel. 0831/87898

Sport Mayerhofer
Weitnau
08375/1320

No Limits Aktiv Center
Schwangau
Tel. 08362/983450

Berg-Sport Peter
Memmingen
Tel. 08331/47918

Inline-Skate Schule
Friedrichshafen
Tel. 07541/25702

Skate & Fun
Lindau,
Tel. 08382/4113

Sport Mayerhofer
Wangen/Allgäu
Tel. 0721/971022

Redle's Inline-S.-S.
Dettingen
Tel. 07354/8479

Fun Liners
Regensburg
0941/299893

Best of Snowboard

Der Audi Snowboard Guide ist in guten Buchhandlungen oder per Direktbestellung erhältlich!

Telefon:
0201 / 86 206 31
Telefax:
0201 / 86 206 22

Vor wenigen Jahren noch vielerorts belächelte Randerscheinung und in manchen Wintersportgebieten sogar verboten, schickt sich der in den USA geborene Trendsport nun an, unaufhaltsam die tiefverschneiten Hänge dieser Welt zu erobern. Snowboarden ist dabei mehr als nur ein Sport, es ist ein Stück Lebensphilosophie der Neuzeit, für viele das Synonym für mehr Freiheit in der Freizeit.

Zum Snowboarden gehört es auch, eigene Wege zu suchen und seine individuelle Spur in die Landschaft zu zeichnen. Der Audi Snowboard Guide zeigt, wo Snowboarder den nötigen Raum dafür finden. Dabei liefert er auf 228 Seiten nicht nur wichtige Infos und Fakten in Hülle und Fülle, er transportiert außerdem das Lebensgefühl der Szene durch über 300 Abbildungen und eine atemberaubende Fotobearbeitung.

Peter Bauer, einer der erfolgreichsten Snowboarder aller Zeiten, hat für die zahlreichen Anhänger dieses Sports die 19 besten Snowboard-Reviere der Alpen ausgewählt. Aus langjähriger Erfahrung kennt der vierfache Weltmeister und 40fache Weltcup-Sieger die Alpen wie seine Anoraktasche. Er weiß um die speziellen Anforderungen von Freeridern, Freestylern und Freecarvern und hat die Alpenhänge in Deutschland, Österreich, Italien, Frankreich und der Schweiz daraufhin durchleuchtet. Die 19 besten Spots stellt er im Audi Snowboard Guide ausführlich vor. Dazu liefert er Storys über die längste Abfahrt der Alpen sowie zu Extrem-Touren in Kanada und Argentinien. Weitere Kapitel des Audi Snowboard Guides: die richtige Pflege des Boards, die Geschichte des Snowboardens, ein Backcountry-Special und ein umfangreiches Snowboard-Lexikon.

Pecher & Böckmann (Hrsg.)
Klartext-Verlag

Peter Bauer
Audi Snowboard Guide
Die besten Spots der Alpen und mehr

228 Seiten, über 300 Abb.,
durchgehend vierfarbig, Festeinband
36.- DM
ISBN 3-88474-637-5